OUVERTURES SUPERIEURE ET INFERIEURE D'IMPRIMEUR

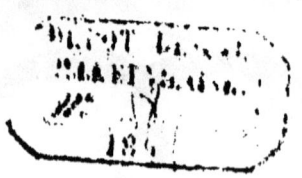

CHATEAUPAUVRE

VOYAGE

AU DERNIER PAYS BRETON

ŒUVRES DE PAUL FÉVAL

SOIGNEUSEMENT REVUES ET CORRIGÉES

COLLECTION OLLENDORFF A 2 FRANCS

- Les Étapes d'une Conversion (1re série). *La Mort d'un Père*.
- Pierre Blot, 2e récit de Jean (IIe série des *Étapes*).
- La Première Communion (3e récit de Jean (IIIe série des *Étapes*).
- Le Coup de grâce (dernière étape).
- Jésuites !
- Pas de Divorce !
- L'Homme de Fer.
- Châteaupauvre, voyage au dernier pays breton.
- Le Dernier Chevalier.
- Frère Tranquille (anc. *la Duchesse de Nemours*).
- La Fille du Juif-Errant.
- Le Château de velours.
- La Louve.
- Valentine de Rohan (suite de *la Louve*).
- L'Oncle Louis. 2 vol.
- L'Homme du Gaz.
- Le Loup blanc.
- Le Mendiant noir.
- Le Poisson d'or.
- Le Régiment des géants.
- Les Fanfarons du Roi.
- Le Chevalier Ténèbre.
- Les Couteaux d'or.
- Les Errants de nuit.
- Fontaine aux perles.
- Les Parvenus.
- La Reine des épées.
- Les Compagnons du silence.
- Le Prince Coriolani (suite du précédent).
- Une Histoire de revenants.
- Roger Bontemps.
- La Chasse au roi.
- La Cavalière (suite de *la Chasse au roi*).
- Le Capitaine Simon. — La Fille de l'émigré. 1 volume.
- Le Chevalier de Keramour (anc. *la Bague de chanvre*).
- La Quittance de Minuit. 2 vol.

Imp. A. Le Roy, Fr. Simon, Succr. Rennes.

PAUL FÉVAL

CHATEAUPAUVRE

VOYAGE

AU DERNIER PAYS BRETON

NOUVELLE ÉDITION

PARIS
PAUL OLLENDORFF, ÉDITEUR
28 bis, RUE DE RICHELIEU, 28 bis

1895
Tous droits réservés.

AVERTISSEMENT DE L'AUTEUR

Ce livre, accueilli avec une certaine faveur par le public et la critique, a soulevé, sous sa première forme, des objections qui m'ont vivement touché. Un vénérable prélat d'abord, puis un très illustre écrivain qui m'honore de son amitié, puis encore deux juges éminents me firent entendre un blâme au milieu de leurs bienveillantes appréciations. Ce blâme n'était point littéraire; il s'appliquait surtout au caractère sacré dont l'héroïne de mon récit était revêtue.

Je mentirais si je disais que je dédaigne le côté littéraire des choses. L'écrivain est un soldat et la plume est une arme; je suis soldat de la croix, j'ai le droit d'orner mon épée : mais au-dessus, bien au-dessus de l'élément littéraire qui n'est qu'une forme et une toilette, je place le fond, c'est-à-dire l'élément chrétien. Ce qu'il faut avant tout, c'est connaître et goûter les voies droites, *recta sapere*, et il n'est permis de fleurir que la bonne route.

J'ai corrigé la nouvelle édition de mon livre, quoiqu'il fût tout jeune et écrit depuis que Dieu m'a visité. Je n'ai point opposé à ceux qui me blâmaient l'autorité de ceux qui m'approuvaient, jugeant peut-être l'ancienne édition de *Châteaupauvre* à travers la connaissance plus intime qu'ils avaient de mon ardente volonté de bien faire.

J'ai obéi purement et simplement à ceux qui me donnaient tort, et j'ai bien fait. Et je remercie du fond du cœur mon illustre ami et maître, dont le doigt m'arracha un cri en appuyant très fort sur l'endroit sensible qui, au lieu du bien que je prétendais produire, pouvait *faire du mal.*

Pendant plus de trente ans, j'ai été, dans

les lettres, celui qui n'accepte aucune correction et qui se révolte contre toute censure. Je mettais ma « dignité » à cela. Je frémissais d'indignation à la seule pensée d'obéir, — et peut-être que j'avais raison, car ceux à qui je résistais alors n'étaient que des marchands, intrus dans le temple de l'art où ils vendaient leur papier de journal ou de revue.

Maintenant, l'obéissance me cherche et m'attire; j'y éprouve un bonheur. En corrigeant avec un zèle scrupuleux tout ce qui m'avait été signalé, j'aurais voulu amputer plus profondément encore ce *Chateaupauvre*, improvisé de verve il y a quelques mois à peine, et tout fait de mes plus chers souvenirs.

Aussi, quoique je sois content de mon travail, où rien ne reste de ce qui a été blâmé, où rien ne manque de ce qui excitait l'intérêt, pour peu que le vénéré prélat et mon illustre ami y trouvent encore quelque chose à redire, je ne demande pas mieux que de corriger encore.

Ainsi éteindrai-je d'autant la lourde dette contractée par tout un passé d'orgueil, en même temps que j'améliorerai incessamment mon livre. Je ne sais plus qui me disait l'autre jour qu'un fils de Moïse m'accusait de spéculer sur le salut de mon âme : assurément, voici une spéculation double qui ne diminuera point l'estime que ce gentilhomme paraît faire de mon talent pour le négoce.

Les imprimeurs du bon temps laissaient de la sorte leurs épreuves exposées pendant des années entières. Qui sait si, dans l'avenir, la trentième édition de *Chateaupauvre* ne sera pas décidément un chef-d'œuvre ? Attendons.

A mon Frère.

On trouve encore en Bretagne des petits coins qui sont bretons, mais ils deviennent rares. Il faut se dépêcher de peindre d'après nature, car le modèle se dérobe rapidement, aussi bien les gens que le paysage.

On joue le Voyage dans la lune à Kerfeuntenio-de-Près'horaigne, et il y a une photographeuse *au vieux bourg du Terfaou, qui tire les ressemblances, pour quinze sous et la chopine, avec sa* « lanterne à soleil. » *Le chemin de fer passe à Kerminiheuc sans plus s'étonner que s'il traversait Pantin ; l'officier de santé de Lannelio, fils de l'ancien* « reboutoux, » *tue les bestiaux et les hommes* avec de la vraie pharmacie, frelatée à Paris même, et j'ai vu (ah! je l'ai vu!) un idiot de Saint-Caradoc qui patinait sur des roulettes!

Donc, dépêchons-nous pendant qu'il reste un morceau de la vieille terre avec quelques bonnes gens dessus. Je vais te raconter peut-être la dernière histoire du pays des grandes pierres et des chênes tordus, qui respire le sel de la mer en mangeant du blé noir et en buvant des pommes.

Les pages qui ne te plairont point tu les sauteras, et tu m'aimeras tout de même.

CHATEAUPAUVRE

VOYAGE DE DÉCOUVERTE DANS LES COTES-DU-NORD

I

Vers la fin de l'automne, en l'année 1849, mon frère Edmond, qui revenait de l'île Maurice, eut l'idée d'acheter un petit domaine dans le département des Côtes-du-Nord. On lui indiqua comme étant à vendre un héritage de moyenne étendue qui avait un drôle de nom, Châteaupauvre, et qui était situé dans la paroisse de Saint-Juhel, sur la route de Pontivy à Saint-Brieuc.

C'était dit ainsi, du moins dans les pancartes envoyées par le notaire. Mon frère, malade et fatigué d'une longue traversée, prit tous les renseignements voulus par correspondance, et acheta sans avoir visité. Je veux dire tout de suite qu'il n'eut point à s'en repentir: c'était une fort bonne affaire, qui est devenue excellente avec le temps. Tout était sincère et véritable dans l'énoncé de l'affiche, excepté ces deux mots : « Sur la route. »

Au moment où j'arrivai à Rennes pour prendre mes vacances ordinaires dans ma famille, je trouvai mon frère qui se préparait à entreprendre le voyage de Châteaupauvre. C'était nécessaire deux fois : il fallait bien visiter enfin le domaine, et il fallait surtout en solder le prix, expressément payable à Saint-Juhel même, « en espèces sonnantes, » aux termes du contrat.

Edmond me sembla tout d'abord préoccupé plus qu'il ne fallait par cette expédition d'une trentaine de lieues, lui qui avait fait gaiement le tour du monde. Je m'en étonnai devant mes sœurs, et il me fut répondu :

— C'est que Saint-Juhel est plus éloigné que Maurice.

Elles auraient pu ajouter :

— Et plus reculé que le temps du roi Dagobert.

Au moins pour ce qui regardait la difficulté d'y faire parvenir le prix d'un immeuble.

Le lendemain, je trouvai mon frère entouré d'une douzaine de malles de grand format entre lesquelles il faisait un choix. Dans un coin, il y avait un bon tas de sacs d'argent, arrangés comme des pavés.

— Il faut que la malle soit forte, me dit-il d'un air soucieux, à cause des chemins, qui ne sont pas très-bons par là-bas.

Je connaissais, Dieu merci! depuis mon enfance, les chemins de notre Bretagne dont un grand poète a dit qu'ils sont faits pour empêcher les gens de passer, et je demandai :

— Est-ce que tu vas emporter ces sacs-là *en nature?* Mets une liasse de billets dans ta poche ou prends une traite chez un banquier.

Il me jeta un regard équivoque, et je vis bien que j'avais dit une bêtise du même format que les malles.

— Ah çà! m'écriai-je, les Côtes-du-Nord sont pourtant en France? Qu'est-ce que c'est donc que ce pays de Saint-Juhel ?

Il ouvrit son tiroir et y prit une lettre, pliée sur elle-même sans enveloppe. La carrure en était monumentale. Les caractères de l'adresse, tracés avec une plume géante qui faisait songer aux oiseaux préadamites, auraient pu être déchiffrés à portée de pistolet, si l'encre n'eût pas été jaune et le papier aussi. Quel papier! robuste comme un paillasson et plus grenu que la petite vérole de la peau des requins!

L'adresse contenait les noms et prénoms de mon frère, son titre de propriétaire, la rue, le numéro et, par prudence, la mention des deux rues aboutissantes, plus la prière de « remettre en mains. » Elle portait en outre l'empreinte très-fruste d'un grand timbre octogone qui dénonçait l'étude de maître Le Hervageur, notaire royal à Saint-Juhel-de-Bretagne, par Saint-Brieuc (Côtes-du-Nord), et le tout était dirigé à Rennes, département d'Ille-et-Vilaine, en Bretagne.

Je pris cette lettre avec un respect mêlé d'effroi. Et notez que plus tard je reconnus Mme Le Hervageur à première vue, rien que pour avoir eu communication de la lettre de son mari, tant elles se ressemblaient étonnamment toutes deux. J'ouvris la lettre. Elle était grand in-folio et se comportait ainsi en sa teneur :

« Monsieur, client et compatriote,

« Bonne note de votre très-honorée, retour de tous compliments et politesses que de raison. Je n'ai pas l'honneur de vous engager à chercher midi à quatorze heures pour envoyer votre argent, le pays ne s'y prête pas ; c'est tout uniment de l'apporter vous-même. La question des chemins est complexe : ils ont été bien endommagés sous la Terreur ; néanmoins on projette d'importants travaux pour l'avenir.

« Le pays n'admet pas les billets de la Banque. L'or est connu et apprécié, mais de difficile échange. Vos cédants ont entendu recevoir leur dû en écus de cinq francs, au titre; ils ne refuseraient pas, cependant, les anciennes pièces de six livres à la pesée, comme ayant cours d'usage dans le pays, avec appoint de quatre sols et six deniers par double écu, sans garantie d'usure et roulage, dont acte, sous réserves que de droit. Ma compagne vous en opérerait l'échange avec plaisir.

« Sauf meilleur conseil d'un plus capable, ne prenez pas les messageries ou concurrences. Frétez une voiture de louage et placez la caisse à l'intérieur, si possible, quoique nos routes bretonnes soient exceptionnellement sûres au point de vue moral. Si vous ne trouvez pas de voiture où la caisse puisse entrer, fixez-la derrière solidement, en ayant soin de faire tarauder « un « jour de surveillance » dans la paroi postérieure de la carriole, à seule fin de ne pas perdre de vue ce qui est à vous.

« Vous avez la route royale jusqu'à Loudéac, mais à partir de Loudéac, méfiance. M. Trépivert, conseiller municipal, a menacé de tirer sur les voyers, si on abaissait la côte au devant de son avenue, et alors les charrettes sont obligées de passer par le champ. Il a des opinions politiques qui l'imposent dans la contrée.

« Après ce passage difficile, vous ne trouverez plus de mauvais chemins, parce qu'ils ne sont pas encore faits. On compte bien les commencer l'année prochaine, s'il y a lieu. »

La lecture de cette lettre dont je n'ai respecté que le style, l'orthographe appartenant aux années comprises entre le mariage de Louis XIII et l'avénement du cardinal Mazarin, me plongea dans une véritable extase. Je vis en vision maître Le Hervageur, complété par sa signature avec parafe en treillage et ses prénoms, Étienne-Olive, je vis sa « compagne, » je vis M. Trépivert et son arquebuse municipale, je vis enfin tout un prodigieux ensemble de choses datant du moyen âge et je me rêvai moi-même défendant la fameuse caisse, attachée derrière la carriole et pleine de testons à la croix contre des malandrins chaussés de sabots à la poulaine! Pour la première fois de ma vie, je me sentais poëte.

— Si tu veux, dis-je à mon frère, je vais aller avec toi.

— C'est que, me répondit-il, si j'avais été tout

seul, j'aurais pu mettre la malle dans la voiture.

— Et alors, m'écriai-je, tu n'aurais pas taraudé un jour de surveillance dans la paroi postérieure pour avoir l'œil sur ce qui est à toi! A quoi t'aurait servi la lettre du notaire, qui vaut très-certainement trois fois plus que ton immeuble? Ce notaire connaît le pays, le cœur humain et la route. La plus vulgaire prudence t'oblige à suivre servilement ses conseils.

C'était un peu l'opinion de mon frère qui, ayant considérablement voyagé, se conduit volontiers d'après les idées du pays où il se trouve. Alcibiade n'agissait pas autrement. Il passa la journée entière à courir ces étranges boutiques, moitié guinguettes, moitié messageries, où se louent, chez nous, les carrioles de voyage. Rennes n'avait pas encore de chemin de fer et il est certain que, pendant les vingt dernières années, ce qui regarde la locomotion a fait plus de progrès que tous les siècles passés n'en avaient pu produire en réunissant leurs efforts, depuis l'origine du monde; mais c'est égal, la maison voisine du canal d'Ille-et-Rance où mon frère Edmond trouva sa voiture et son cheval existe encore; la voiture aussi, et même le cheval qui boite toujours, malgré son grand âge.

Il était de petite taille, mais il avait le poil

long et la tête énorme. Il s'appelait Martin comme les ânes, les ours et tant de citoyens recommandables. Jamais je n'ai vu animal pour avoir l'air si mélancolique ; il baissait les oreilles mieux qu'un chien, buvait une écuellée de cidre avec reconnaissance et savait manger la soupe à l'oignon.

J'ai oublié en ma vie bien des compagnons de plusieurs semaines ; avec Martin je ne passai qu'un jour, mais ses oreilles cassées, son poil crotté comme celui des vaches et son humble regard sont restés fidèlement dans mon souvenir : vous allez voir qu'il en valait bien la peine.

A trois heures du matin, la nuit suivante, Martin attendait à notre porte, traînant un des plus vilains véhicules qu'il m'ait été donné de voir dans tout le cours de ma carrière. Quand je descendis, la fameuse malle était déjà amarrée à l'arrière, juste sous le sabord carré qu'on avait ouvert à la scie, selon le conseil du notaire. C'était très-commode : pour peu qu'on se tînt de côté, la tête un peu à l'envers, on pouvait causer avec les vagabonds qui vinrent s'asseoir sur la malle, à tour de rôle, tout le long de la route.

Le maître de Martin, qui avait nom M. Martin, nous quitta à l'entrée du Faubourg-l'Évêque et nous dit :

— Mon prop'neveu Martin va prendre la concurrence à six heures et sera à Loudéac aussitôt que vous, carparceque vous ferez reposer la bique à l'auberge de Merdrignac (la bique, c'était Martin, et cette riche conjonction *carparceque* se prononce *capask*). Vous n'avez point besoin de le taper, il n'en ira qu'à son idée. Comme la calèche n'a que deux roues, boutez-vous par devant aux montées pour pas que la charge enlèverait Martin en grand, les quatre pattes à gigoter comme une aragne. Sans quoi, du reste, pas de danger de rien, il vous mènera au bout, du même pied, — dont il en boite d'un, derrière à gauche, pendant la première lieue, — excepté qu'il crèverait donc en route ; à vous revoir bien aises.

Elle fut rude, la première lieue, il n'y a pas à dire non. Mon frère, un des bons « meneurs » que j'aie connus, ne savait par quel bout prendre l'ami Martin qui, sentant la charge sous le ventre et non pas sur le dos, s'arrêtait de vingt pas en vingt pas pour se demander sans doute si le monde n'allait pas tourner sens dessus-dessous. Il boitait à faire pitié, ses longs poils frémissaient et nous ne voyions plus sa tête qui pendait entre ses jambes. Au premier va-nu-pieds qui sauta sur la malle, il se retourna comme la monture de Balaam et je crus qu'il allait nous parler patois.

Nous fûmes plus d'une heure à faire cette coquine de lieue, et le manche du fouet d'Edmond caressa au moins douze museaux de rôdeurs à travers le vasistas. Notre malle donnait à tout le monde l'idée de s'asseoir dessus.

Mais aussitôt que le jour parut, vers quatre heures et demie, Martin prit son parti. Son jarret malade s'échauffa et il adopta un bon petit trot de mouton qu'il garda tout le restant de la route. Ce sont des héros que nos bidets de Bretagne. Celui-ci avala ses vingt-sept lieues de trois heures du matin à la nuit, tristement, il est vrai, mais c'était son caractère, et sans autre récompense qu'un picotin d'avoine, une chopine de cidre et une soupe à l'oignon.

Je dois dire que mes espoirs d'aventures se trouvèrent déçus; le voyage se fit dans une paix profonde au milieu d'un pays sans horizon, plat comme les crêpes et qui ressemble éternellement à un verger de pommiers. Je vous mènerais donc d'une traite jusqu'à Loudéac sans une grosse fille de Gaël qui sauta brusquement sur la malle au haut de la côte de Saint-Méen pour nous affirmer qu'elle ne mentait jamais, « vrai pour vrai de vrai, parce que c'est péché », et que si le grand soleil continuait, « n'y aurait point de plée (pluie) més'hui, ni brin ni peu, ça ne sert point de tromper le monde ! »

Le poids de cette joyeuse amie de la sincérité enleva Martin tout net au moment même où nous commencions à descendre la côte, et comme la carriole, bien lancée, roulait de tout son cœur, Martin nous offrit, l'espace de cinq où six cents pas, le spectacle prophétisé par son maître, nageant à trois pieds de terre entre les deux brancards à pic, soutenu qu'il était en équilibre par sa sous-ventrière, et gigotant comme une « aragne. »

La grosse fille était incapable de nous soulager en sautant sur le chemin parce qu'elle trépassait à force de rire. Elle criait en se tordant :

— Ah ! le jeu ! le jeu ! le jeu que j'ai à voir une chose de même, que ça ne m'était point encore arrivé avant més'hui, sûr et vrai comme à confesse ! La drôle de bête ! qu'elle équerpit équerpissant de ses quat'pattes, semblablement que si c'était censé une vache de chêne (hanneton). Pour du jeu, j'ai du jeu ! ah ! mais dam oui, ma chère !

Au bas de la côte, Martin retrouva terre parce que la grosse fille descendit. Il avait déjà repris son train-train que nous entendions encore la voix jeune et forte de notre compagne d'un instant, riant et criant :

— C'est moi la Jouanne de chez les Morin du haut, à la montée du bourg de Guël, sûr et certain, dont la ménagère n'a plus qu'un bras, pauv'chrétienne, aussi vrai qu'elle a deux langues ! Je suis marrie assez de ne point savoir le nom du gevâ (cheval). Bonsoir à revoir. Je vas les bénaiser tertous chez nous, avec le jeu que j'ai eu par vot'vilaine bête qui nâge comme un équervisse hors de l'iau !

Nous arrivâmes à Loudéac (c'est Loudiâ qu'il faut prononcer), calvaire des sous-préfets, aux environs de quatre heures du soir, sans avoir éprouvé le moindre accident. Le prop'neveu de M. Martin nous attendait, débarqué de la concurrence depuis plus d'une heure. Il avait eu déjà le temps de goûter le cidre de sept cabarets et nous donna sa foi jurée que nulle part il ne l'avait trouvé si « droit en goût » qu'aux Trois-Maures. Les Trois-Maures étaient l'enseigne de l'établissement des Martin, oncle, neveu et gevâ. Il me serait impossible de vous renseigner à fond sur les deux premiers ; ma mémoire est surtout présente en ce qui concerne Martin-gevâ, seul membre de la famille avec qui j'aie entretenu des relations de véritable intimité.

Avant d'aller plus loin, je prendrai la permission d'avertir le lecteur que les habitants de cette partie de la Bretagne ne sont pas beaucoup plus véridiques que les autres citadins et paysans composant le suffrage universel en notre pays de France, malgré la redoutable dépense qu'ils font d'affirmations solennelles, de serments et même d'exhortations éloquentes destinées à inspirer à autrui l'horreur du mensonge. C'est un trait de mœurs tout uniment ; on peut dire que, dans deux départements et demi, le fameux « faut pas mentir » et ses variantes innombrables forment le fond de la langue : méfiez-vous, si vous voulez.

Il nous restait à faire cinq lieues dans cette contrée heureuse et voisine de l'état de nature où les chemins sont des obstacles, parce qu'on appelle ainsi des tranchées raboteuses et boueuses, dont le creux est marqué par deux lignes non interrompues de fondrières. Il y en a où les alternatives des roches saillantes et des trous sont calculées avec une si remarquable habileté qu'une charrette neuve s'y use en deux kilomètres, et qu'elle finit par rester là, obstacle nouveau, monument de misère, n'ayant pu ni aller en avant, ni retourner en arrière.

Avec le temps, les gens à qui elle appartient, ou d'autres, l'emportent petit à petit, pièce par pièce, et il ne reste rien pour avertir les téméraires qui viendront. Ainsi les plus terribles naufrages ne laissent aucune trace sur l'immensité perfide de l'Océan.

Il ne faut pas croire pourtant que les Bretons des Côtes-du-Nord ne travaillent pas à leurs chemins. Bien au contraire, ils les tourmentent incessamment, et dans aucun pays on ne prend tant de peine; mais ce n'est pas pour rendre la voie praticable, c'est pour « cueillir » la fange qui est au fond des trous et la porter religieusement sur les champs voisins. Et ce travail intelligent est cause que la dent du roc monte sans cesse, plus profondément déchaussée, entre deux abîmes qui vont se creusant toujours.

S'il vous arrive de rencontrer un brave riverain, acharné à cette désastreuse besogne, ne vous gênez pas pour lui faire une observation amicale, il la comprendra, mais sans l'admettre, et il vous répondra, usant de cette aspiration emphatique qui remplace l'article démonstratif entre Saint-Brieuc et Pontivy :

— H'est l'âme de mon pré !!!

Je ne sais pas si vous comprenez: les prés, là-bas, vivent de l'agonie des routes.

Ceux qui sont philosophes ajoutent :

— Le chemin n'est point à personne, et mon pré est à moi !

Est-ce clair?

Nous fûmes un peu plus du quart d'une journée à faire nos cinq lieues : de quatre à dix heures et demie du soir. En quittant Loudéac, nous avions trouvé l'illustre côte, préservée des voyers par les opinions politiques de M. Trépivert. Les diligences elles-mêmes prenaient la lande pour ne pas franchir cet abominable passage, et au sommet de la montée nous trouvâmes les vaches du conseiller municipal broutant la grande route où la bonté de Dieu avait semé de l'herbe, depuis que personne n'y passait plus.

A partir de là, nous eûmes encore trois bonnes lieues de grand chemin à peu près praticables ; puis nous tournâmes un coin de lande que je vois encore d'ici, à gauche, en montant vers Saint-Juhel, et Martin (le gevâ) disparut tout à coup dans la boue, pendant que Martin (le prop'-neveu) s'arrachait les cheveux en jurant contre le pays.

— Ce n'est point rien, dit une voix au sommet d'un talus surplombant comme une falaise. Y a des passées plus mauvaises qu'ici. C'est-il vous qu'est le bourgeois, censément arrivé?

Mon frère, qui suait sang et eau à dégager sa bête, n'entendit pas.

— Tout de même, reprit la voix paisible et indifférente, si c'est que vous ne voulez point me répondre de politesse, je m'en moque assez. J'étions venus parce que monsié Hervagieux avait dit comme ça de même que l'achetoux s'en viendrait més'hui. Monsié Hervagieux, c'est le notaire. Bonsoir à vous revoir, je m'en vas ben aise. »

Je me hâtai de le rappeler criant :

— Qui êtes-vous, mon brave homme?

— C'est moi Bodin, me répondit-il, et Yaume aussi; Yaume Bodin.

Et mon frère aussitôt s'écria :

— Bonjour, Bodin, comment va, ma vieille?

La connaissance ne fut pas longue à faire. Bodin était un grand vieux paysan de haute mine qui tenait par bail la principale ferme de l'héritage acheté par Edmond. Il descendit aussitôt de sa falaise et dit avec bonté, mais très-froidement :

— Alors, c'est donc que c'est vous, l'achetoux? Vot'santé? Et chez vous? Les autres étaient de bons maîtres, mais c'est égal, on n'a point encore rien contre vous, puis qu'on ne vous connaît point, v'là la vérité.

II

Voilà un homme qui me plaisait, ce grand vieux paysan. Il se tenait droit avec son large chapeau sur sa tête où le vent du soir jouait dans ses cheveux blancs, mais sa fierté même avait bonne odeur de courtoisie. La froideur discrète qu'il opposait aux familiarités de son nouveau propriétaire m'allait. Mon frère, le plus cordial des hommes, lui tendit la main, et alors seulement Bodin se découvrit d'un grand geste pour caresser une mèche de ses cheveux qu'il tira en avant.

La brune commençait à tomber. Martin neveu, qui s'impatientait de tous ces salamalecs, eut la mauvaise idée de s'impatienter.

— Allons, vieil andouillard, dit-il en style du

Faubourg-l'Évêque de Rennes, moins bien habité, en somme, que le faubourg Saint-Germain de Paris, pas tant de manières ! Tire-nous de là, leste et prompt !

Bodin remit son chapeau, se tourna tout d'une pièce et lui posa sur l'épaule une main qui devait être lourde comme plomb, car les jarrets du prop'neveu plièrent.

— Je n'ai pas voulu vous affronter, l'ancien..., commença-t-il aussitôt.

— C'est bon, interrompit sévèrement le vieillard : j'ai assez parlé avec vous. Ne recommencez point !

Puis, prenant le cheval par la bride :

— Dia ! dia deçà ! Haï dur ! haïte !

Martin (pas le neveu) connaissait son monde. Il obéit du premier coup à cette voix et à cette main, dignes de commander. L'instant d'après nous roulions paisiblement dans un de ces larges chemins, à peine tracés, il est vrai, mais si doux, qui vont on ne sait où à travers nos landes. Le neveu avait repris sa place à la tête du cheval. Mon frère essaya de lier conversation avec Bodin, qui marchait assez loin dans les ajoncs et qui répondit :

— J'ai monté jusqu'à la grand'route, tout seul, en avant, à cause que ça se doit, tenant par mon bail la ferme de trois cents écus. Si on la diminuerait au prochain venant renouvelage de la Saint-Michel, ce serait juste. Vous allez trouver les gars et les filles en dévalant la forêt, j'entends les miens, et par après tout le monde de vos autres métairies qu'ont été aussi mandés d'aller par le notaire, mais personne n'a daré (osé) cheminer si avant que moi, comme de raison.

— Alors, M. Le Hervageur vous a dit mon nom? demanda Edmond.

— Le nom n'y fait point de rien. Vous êtes l'achetoux, et nous vous devons vos rentes. Monsié Hervagieux parle assez, mais on ne l'écoute point.

Cela dit, le solennel bonhomme se renferma dans le silence, éloigné qu'il était de cinquante pas pour le moins et criant dans la langue universelle « hue! » quand il fallait tourner à droite, « dia! » quand il fallait aller à gauche.

— Il n'est pas commode, mon fermier Bodin, fit observer mon frère, qui semblait soucieux.

Nous ne trouvâmes pas la forêt qu'on nous avait annoncée en dévalant. J'appris plus tard qu'elle n'existait plus depuis des centaines d'années, mais que tout un quartier du pays avait gardé son nom. C'était une queue des grandes futaies de Lorges, encore debout, Dieu merci!

autour du château ducal de ce nom qui avait déjà changé de maîtres, plusieurs fois, depuis les Choiseul-Praslin, avant d'être la demeure d'un puissant maître de forges, son propriétaire actuel. La forêt de Lorges elle-même était aussi, dit-on, une queue de ces célèbres bocages de Brocéliande où se promenèrent jadis tant de poëtes chevaleresques et dont on voit encore de beaux restes autour des hauts fourneaux de Paimpont.

Nous ne tardâmes pas, cependant, à rencontrer, par groupes de deux ou trois, une douzaine de gars et cinq ou six filles qui représentaient les vassaux de mon frère, bien plantés pour la plupart et de bonne mine. Moins discrets que le vieillard, ils se mirent à marcher autour de la voiture en devisant tout bas, c'est-à-dire juste assez haut pour être entendus à une portée de fusil.

Les filles surtout vous avaient des voix gémissantes, toutes montées en mineur, mais d'une sonorité extraordinaire. Nous comprenions très-bien leur patois qui n'est pas sensiblement différent de celui du pays de Rennes, mais mon frère, ayant risqué une seconde tentative pour lier conversation, n'obtint pour réponse que des rires étouffés dont, malgré la meilleure volonté du monde, on ne pouvait pas prendre la signification en bonne part.

En outre, les lambeaux de conversation que nous saisissions à la volée n'étaient ni respectueux ni même bienveillants. On n'y désignait mon frère que sous le nom de *l'achetoux*, et il semblait qu'on fît rejaillir jusqu'à lui quelques éclaboussures de l'évidente impopularité qui incombait à M° Le Hervageur. Les filles disaient que nous n'étions point *damasquins* (élégants) pour des maîtres, n'ayant point tant seulement des *fichus* bleus ni rouges à nous cravater le cou, point d'épinglettes à nos chemises, ni même de lunettes dorées comme le monsieur-percepteur de Saint-Juhel-de-Bretagne.

Notre carriole ne leur semblait pas laide, et même le trou carré pratiqué par derrière excitait en eux une curiosité voisine de la sympathie, mais ils n'avaient jamais vu un si vilain animal-bête que Martin le gevâ, et ils ne se gênaient pas pour dire :

— On 'en aurait point cinq écus à la foire; j'aimerais mieux me couper ma langue que mentir !

— Approchant, il a l'air qu'il serait l'ancien viau d'une bourrique et d'un pourciau qu'on dit qu'ça s'est vu !

— Oh ! la la ! c'est la vérité que je dis : ça ne reluit guère pour un gevâ de bourgeois !

Mon frère écoutait tristement. Il me dit :

— J'ai été chez les sauvages de Madagascar qui s'entre-mangent, mais je les faisais rire à volonté. Ceux-ci sont plus durs.

— Christophe-Colomb, répondis-je, dans des cas pareils, prédisait une éclipse, et cela le mettait en vogue. Trouve ton éclipse.

Il soupira et reprit :

— Je ne plaisante pas. Le vieux m'a appelé *bourgeois*, c'est déjà froid ; ils disent *not'maître*, ou au moins *not'monsieur*, à ceux qu'ils aiment. Mais, s'ils se mettent à m'appeler *l'achetoux*, je donne ma démission et je revends à perte !

— Tranchez une brèche ! ordonna en ce moment la voix lointaine du père Bodin.

Je n'avais pas remarqué que la plupart des gars avaient leurs outils, des pics, des pelles et aussi des haches. Nous arrivions devant une clôture de lande toute neuve. Ces clôtures ne sont point semblables aux fossés ordinaires, munis de broussailles et portant même la plupart du temps de très-vieux arbres, surtout des chênes. Dans les landes, on clôt avec des murs de terre, formés de mottes de bruyères coupées en carré et superposées. Quand cela prend bien et qu'il y pousse des ajoncs, on obtient ainsi des barrières formidables.

La clôture qui nous barrait le passage avait bien pris. La nuit était tombée; à la lueur de la lune, cette muraille d'ajoncs verts et robustes présentait un obstacle qui nous paraissait impossible à franchir.

A la voix du vieux fermier, tous les gars s'élancèrent à la fois et en un clin d'œil les hautes touffes de genêts épineux furent couchées.

— Ah çà! s'écria mon frère, est-ce que ça n'appartient à personne, ici?

— Ça appartient à vous, bourgeois, répondit Bodin.

— A moi! nous sommes donc déjà arrivés?

— Guère n'en faut. Une ou deux *hûchées*, approchant d'à peu près, environ.

— Ou trois, dit un gars en riant.

— Ou bien quatre, ajouta une fille : qui aurait le malheur de mentir perdrait son salut, rien que pour une pauv'fois par péché mortel!

— Ma belle bichette, demandai-je précisément à celle-là qui était laide à faire plaisir, combien de temps nous faudra-t-il pour être à la maison?

— Ah! dame, de vrai, me répondit-elle d'un accent pleurard, je ne suis poin'une bique ni biquette, et jamais les autres maîtres d'autrefois ne m'ont parlé si mauvaisement! De la dureté j'n'en voulons point par ici!

Je crus qu'Edmond allait me battre.

— As-tu envie que je mette demain la propriété en vente? me dit-il. A en juger par les pieds d'ajoncs qu'ils viennent de couper, hauts comme des pommiers, gras comme des asperges, ça doit être la terre de Chanaan! Tâche de te taire, tu ne sais pas leur parler et tu ne feras que des maladresses!

— Avec ça que tu réussis, toi! ripostai-je assez aigrement.

— V'là les deux achetoux qui s'entre-jurent! dit-on distinctement dans le noir : y a du jeu à les ouïr se herpailler!

— Quoi donc qu'il t'a causé disant, la Fanchune? demandèrent en même temps dix voix à celle que j'avais appelée ma bichette.

— Il m'a affrontée de mots que je ne sais point, dà! répondit-elle, contre mon innocence, bien sûr, et ma conduite d'honnêteté, à me conseiller du mâ (mal).

— Ce n'est point vrai! déclara une jolie petite brune, tu n'es poin' assez venante pour ça, vère, vraiment; je ne saurais mentir!

— C'est-il vous, Guelonne, s'écria aussitôt la Fanchune, qu'est mieux venante que moi, faut le dire!

La querelle ne fit pas long feu, deux soufflets

retentissants éclatèrent dans le silence de cette nuit champêtre, les coiffes volèrent en lambeaux, les mouchoirs de cou aussi et les chignons échevelés s'éparpillèrent, pendant que la Guelonne et la Fanchune tapaient à tour de bras en poussant des cris véritablement lamentables.

— Sépare-les! dis-je à mon frère, ça va te planter en Salomon dans le pays, du premier coup.

Il haussa les épaules et prit sa plus grosse voix pour demander:

— Qui est-ce qui a gagné mes dix sous?

Un silence religieux se produisit aussitôt et les deux combattantes s'arrêtèrent.

— Laquelle a le mieux cogné, reprit mon frère: Fanchune ou la Guelonne?

Tout à l'entour on murmura avec l'accent d'une profonde stupéfaction:

— Vère vraiment! Qui qui lui a dit les noms de leux baptêmes?

Mais la Guelonne et Fanchune ne s'arrêtèrent pas à ce qu'il y avait de miraculeux en ceci. Comprenant que les dix sous seraient pour la plus cognante, elles se ruèrent l'une contre l'autre avec un courage qui promettait mort de pataude.

J'ai besoin de vous dire ici que vous n'avez

aucune idée du prix de l'argent en Bretagne, il y a seulement dix ans. A l'assemblée de Bonamour j'ai mangé des poires détestables qui coûtaient *une* centime les deux douzaines, avec le double treizain et les bénédictions de la marchande.

Au moment où la bataille reprenait, plus sérieuse, mon frère cria comme on fait pour arrêter les *harnois* (attelages) en champ :

— Huc-ho ! à bas les pattes ! Comme je n'ai pas envie de coucher ici, on va partager la récompense.

— Cinq sous à chaque ?

— Non, la petite pièce blanche à toutes deux. Et qu'on s'embrasse !

Il y eut un long chuchotement.

— Ah dame ! ah dame ! vère vraiment ! Ça fait vingt sous d'une seule fois ! Il a donc bravement de l'*argiein* (argent) !

— C'est trop, me dit tout bas Edmond, je gâte le métier, mais il fallait frapper un coup de géant !

C'était fait. L'éclipse de Christophe Colomb m'a toujours paru de la Saint-Jean depuis lors. Guelonne et Fanchune arrivèrent en se tenant serrées et criant :

— Oh ! là là ! si ça fait du jeu à not' bourgeois

qu'on s'embrasse, je nous embrasserons fort, fort ! et *terjou !* (toujours).

— On va s'estrouffer, si not' bourgeois ça l'amuse !

Et deux par deux, les gars d'un côté, les filles de l'autre, se mirent à s'entrepresser dans les bras les uns des autres. Mon frère me défendit de rire.

— En route ! commanda-t-il.

La clôture avait une large brèche, et nous nous trouvâmes comme par enchantement dans une mare qui était véritablement de toute beauté. La clôture pendait sur un chemin où nous venions de tomber. Martin neveu qui avait de l'eau jusqu'aux cuisses commença à maudire mieux qu'un païen. Au bout d'une cinquantaine de pas, nous étions dans une obscurité complète parce que le chemin s'enfonçait entre deux talus, couronnés par des haies de prunelliers, de houx, de ronces et de cœudres (coudriers) qui faisaient voûte en dessus de nos têtes.

A droite et à gauche de nous, dans les champs riverains, nous entendions marcher notre escorte, désormais invisible, divisée en deux groupes qui causaient confidentiellement, d'un champ à l'autre, par-dessus la capote de notre infortuné véhicule.

Je sentis une fraîcheur à mes pieds : c'était l'eau qui entrait chez nous et qui caressait mes chevilles. Martin neveu grimpa sur Martin gevâ en criant :

— On va nous naufrager, aussi vrai comme il n'y a pas de bon Dieu dans ce pays-là !

— Je n'aimerais pas à me noyer, dis-je à mon frère, avant d'avoir visité la propriété, qui doit être drôle.

— Tu voulais des aventures ! me répondit-il, moitié riant, moitié consterné : en voilà !

La conversation allait, cependant, à trente pieds au-dessus de nous, et cela nous fournit au moins l'occasion d'apprendre un certain nombre de noms de baptême, usités dans la contrée : Pelo, Mathau, Fancin, Agie, Renotte et Chinot. Des étymologistes hardis font venir cheval d'*equus*; vous trouverez peut-être aussi surprenant que Chinot soit, dans les Côtes-du-Nord, le diminutif de François.

— Si on s'était bûchées, nous deux, Agie, dit une voix mélancolique et vigoureusement timbrée, on aurait eu les pièces blanches, au lieu de la Fanchune et la Guelonne.

— De vrai, de vrai, ma Guitte, répondit Agie, mais ne sommes point chançouses, vère vraiment, toi ni moi, par hélas.

— Mathau !
— Chinot !
— Not'papa dit comme ça disant que toute l'*argiein* du bourgeois pour payer le domaine est dans la grand'boîte derrière qui pend.
— Si ça se peut !
— Et les frais de loi, et le dû des papiers, et les hypothècres !
— Alors par alors, y en a, de l'argiein de ville dans c'te grand'boîte-là ! Ah ! nom de nos poules ! c'n'est point pour jurer qu'est péché.

Je ne peux pas vous donner l'accent de leurs voix où tremblait la ferveur de leur dévotion pour l' « argiein de ville. » Ils épanchaient l'intime sentiment de leurs cœurs d'un talus à l'autre et chacune de leurs paroles caressait la grand'boîte en passant sur nos têtes.

Je voulus regarder mon frère, car j'étais pris d'une vague frayeur. La grand'boîte m'inquiétait, et je ne voyais pas avec plaisir les passions qu'elle allumait. Mais j'eus beau écarquiller mes yeux tout larges, je ne vis rien. Littéralement, il faisait noir comme au fond d'une cave.

— As-tu entendu ? murmurai-je.
— Bah ! bah ! fit-il. Me crois-tu sourd ?

Mais il me sembla que sa voix n'était pas très-assurée.

Heureusement qu'il éternua en tonnerre et qu'il s'écria :

— Il ne manquait plus que ça ! Me voilà enrhumé du cerveau !

J'aurais de la peine à exprimer, même dans la langue d'or des poëtes, de quel baume cette simple parole m'arrosa le cœur. On ne se plaint pas d'un rhume de cerveau quand on croit courir le risque d'être assassiné.

— Ah ! dis-je, tu m'as fait du bien ! merci !

— Est-ce que tu avais peur ? Nous ne sommes pas ici dans ton Paris, plein de brigands, malgré ses rues si bien pavées et ses becs de gaz....

La voix grave du père Bodin se fit entendre en ce moment au haut du talus.

— Dieu vous bénisse, bourgeois, dit-elle. Est-ce que vous avancez un petit peu ?

— Pas beaucoup, répondit mon frère. Le chemin dure-t-il longtemps comme ça ?

— Je vas vous dire, y a que nous ne savions point que la grande iau était venue d' à haut, més' hui.

— La grande eau ?...

— Guettez un petit, vous entendrez le moulin qui va.

Je l'entendais, moi, depuis deux ou trois minutes, le moulin. Un trait de lumière m'éclaira.

— Nous sommes dans la rivière ! m'écriai-je.

— Ah ! mais dame oui, repartit le père Bodin, et y avait besoin de l'iau d'à haut pour meudre par bas, à la roue, not bié nû (blé noir).

Le long des deux talus qui étaient bien véritablement des rivages, un éclat de rire plein de bonne humeur se propagea pendant que les gars et les filles répétaient :

— Not' bourgeois, y avait besoin d'iau pour meudre à la roue, Dieu vous bénisse et chez vous !

— Chez moi ! s'écria mon frère dont les oreilles, d'habitude, ne mettaient pas si longtemps à s'échauffer, je ne sais si nous y arriverons cette nuit, chez moi !

— Je vas vous dire, continuait le vieux Bodin, j'avons pris le plus long, parce que M. Hervagieux nous avait recommandé comme ça de ne point vous mener à vot' *noblesse*, avant que vous lui auriez compté-pesé la vaillance du contrat, écus-écus, chez lui, les frais itout, et la note de son mémoire. V'là ce que c'est.

Et les deux rives répétèrent dans le noir :

— V'là ce que c'est ! not' papa l'a dit, pour sûr et pour vrai, sans mentir.

Il ne faudrait pas vous méprendre à ces mots « Votre noblesse. » Dans la langue du pays, on désigne ainsi les maisons qui ne sont ni cabarets ni fermes, et spécialement celles qui portent une girouette au milieu du toit.

Une maison neuve ne peut jamais être une noblesse, quand même elle aurait un petit clocher et un coq au bout.

Mon frère gagna encore ici un point dans l'estime du pays, car, au lieu de paraître fâché, il s'écria :

— Une brave idée que vous avez eue là, mon ami ! On aurait été obligé de faire un voyage demain, et comme ça les fonds seront tout portés.

Ce qui fut accueilli par l'éternelle affirmation :

— Vère vraiment ; tout va droit comme ça quand on n'ment point. »

Et çà et là des deux côtés de la grande eau :

— Il n'est point tout de même trop bête, cet achetoux-là, pour un achetoux.

— Ah ! mais nona ! nona ! Il devise comme un quelqu'un d'esprité, assez !

— Et qu'il a mine de bonne personne, on dirait à l'ouïr !

A mesure que nous avancions, le toc-toc du moulin devenait plus distinct et nous commencions d'entendre la chute. Mais tout à coup notre bidet s'arrêta court.

— Il y a un mur! dit Martin neveu, et un chêne en travers dessus!

— Avance! ordonna mon frère.

Mais un concert de voix à la fois railleuses et lamentables tomba du champ de droite :

— Oh! là là! là! là! not'papa, guettez voir! Le fossé a craboulé dans le chemin, et il a emporté la grand'souche!

Car c'était bien la rivière où nous étions, mais c'était le chemin aussi. Il y a en Bretagne des sauvageries de ce genre, si invraisemblables qu'on hésite à les rapporter. A l'heure où nous sommes, je pourrais citer encore des chemins de communication où la rivière passe tranquillement, obligeant les bêtes à patauger jusqu'au ventre, tandis que les piétons traversent sur une rangée de pierres pointues, au risque de leur cou. Parmi ces pierres, il y en a toujours deux ou trois qui sont fées, et qui basculent dès qu'on y met le pied.

Le lecteur doit comprendre maintenant pourquoi l'eau était si terriblement haute dans ce boyau à demi-souterrain qui cumulait les fonctions de route et de rivière. Non-seulement on avait levé les vannes des viviers supérieurs, mais l'éboulement du terrain voisin avait formé une chaussée d'occasion, heureusement imparfaite, qui nous mettait dans un véritable étang.

Pour le coup, le papa Bodin s'émut pour tout de bon et nous l'entendîmes qui disait :

— Ça ne se doit point nullement de faire du deuil au bourgeois. J'auriommes dû y aller voir avant de le fourrer de même dans l'iau jusqu'à je ne sais pas où. J'ai de la repentance, ah ! Dame oui ! Dia de çà ! ahite ! devalez, les afants ! et crevez l'boulis au galop, qu'il passe !

Ce n'était pas un petit travail que de crever l'éboulement, à cause du chêne qui tenait par racines au talus. La place qu'il avait occupée restait vide : un rayon de lune arrivait par là jusqu'à nous, éclairant l'eau qui était limpide comme du cristal et qui courait gaiement entre les branchages encore verts de l'arbre tombé.

Il n'y a pas à dire, personne n'y mit de paresse : gars et filles dévalèrent en se laissant glisser, pendant que trois ou quatre haches attaquaient les racines du chêne vaillamment.

Et ahite ! haïdur ! Les pelles, les pioches, les houes, tout marcha si bellement qu'au bout d'une demi-heure le chêne était rangé de côté et le *boulis* abaissé au ras de l'eau.

— Avance ! ordonna de nouveau mon frère au neveu qui avait allumé sa pipe et grognait, les mains dans ses poches.

Mais, malgré tout, nous étions solidement embourbés. Il y avait des roches sous la terre entassée, et Martin gevâ, après deux ou trois efforts infructueux, laissa tomber définitivement ses oreilles comme deux chiffons mouillés.

— Les enfants ! dit papa Bodin qui était dans l'eau jusqu'à la ceinture, faut dételer l'fils d'pourciau (sous l'respect) et vous mettre en brancards !

Mais mon frère se leva tout debout sur le devant de la carriole. Il avait enfin trouvé son éclipse, la vraie, bien supérieure à l'histoire des deux pièces blanches.

— Pas besoin de tout ça, dit-il, on va vous montrer comment les bêtes se mènent ! Décrochez la malle, elle pèse trop lourd ; enlevez mon

Il y eut un moment d'hésitation et le père Bodin murmura :

— Bourgeois, vous allez risquer un malheur d'accident, pour sûr !

Mais les gars et les filles avaient trop d'envie de toucher, de manier, de soupeser la grand'boîte ! Ils s'élancèrent tous à la fois et les cordes volèrent en brindilles, pendant que le bonhomme Bodin, tout seul, me prenait sur ses épaules et me déposait au bord.

Je pense que j'avais honte de déshonorer ainsi Paris, mais pas assez pour me refuser à ce sauvetage. Du reste, ma lâcheté ne fut point remarquée, couverte qu'elle était par l'enthousiasme presque muet, mais d'autant plus profond, qui opprimait les poitrines autour de la malle contenant l'argent de ville.

Je ne sais plus bien ce qu'elle pouvait peser, cette malle; je ne saurais même pas dire la somme qu'elle contenait. La chose certaine, c'est que c'était lourd, car ils se mirent au moins dix pour la porter comme un corps saint. Et ceux qui ne pouvaient pas trouver place pour porter tâtaient, frottaient et caressaient. Il n'y avait pas là un cœur qui ne battît la fièvre des grandes et respectueuses amours.

Songez donc ! C'était plein d'ARGIEIN, comme ils prononcent le mot argent, là-bas, avec d'indicibles tendresses. Il n'y avait là-dedans que de l'argiein, de la bonne, de la chère, de la sainte argiein ! Sous quelle forme? Des pièces de cent sous, le plus noble ouvrage qu'on puisse faire avec de l'argiein !

Savez-vous ce que vaut une pièce de cent sous dans un pays où l'on peut se donner cinq ou six coliques de poires pour un centime? dans un pays où le chef, le notable par excellence, — le riche,

— papa Bodin, en un mot, tenait une ferme de 300 écus, c'est-à-dire 900 francs, sur laquelle vivait un peuple entier, composé d'au moins cinquante têtes en comptant d'abord les bestiaux, comme de juste (puisqu'ils valent de l'argicin), et ensuite, à leur rang plus humble, les chrétiens qu'on ne peut pas vendre?

Calculez; c'était plein de pièces de cent sous! Vous aimez mieux les louis d'or, vous autres; eux, ils s'en méfient, ils n'en ont pas vu assez. Les élans de leurs âmes vont vers ce qu'ils connaissent de plus enviable et de plus beau, et cela, c'est la pièce de cent sous qui contient, entre autres choses, trois cents chopines de cidre, les bonnes années. Et il y avait dans cette « grand'-boîte » respectable, adorable, des centaines, des milliers de pièces de cent sous!

— On ne saurait point dire ce que ça enlèverait à la pesée, déclara Mathau avec recueillement. J'en repenserai jusqu'à l'heure de ma mort!

— M'est avis que les deux agneaux n'en auront guère épais là-dessus, répliqua Fanchin, vieux valet de charrue dont je voyais les yeux briller comme ceux d'un chat: tout ira aux crianciers, toileux et fileux de malheu!

— Les petits auront toujours à gratter cent pièces ou deux cents, ma Guitte, dit Agie.

Je pensai tout de suite que « les agneaux » et « les petits » devaient être une seule et même chose. Guitte, interpellée ainsi, répondit :

— Je serais ben aise avec *maiqué* (moitié), mon Agie.

— Et y en a, y en a, y en a ! Et puis y en a !

— Plus que de patates dans une sachée !

— Plus que de grains de froment dans un boissiau !

— Très mille écus, p'têtre ben, qui fait neuf mille livres en francs !

— Le double !

— Et deux fois le double !

— Ah ! pour ça, ce n'est point possible ! n'y a point tant d'argicin en argicin dans toute la Bertaigne ! je ne mentirais pas quand ça serait pour que je l'aurais tout à moi pour moi.

Celui qui prononça ces nobles paroles avait l'air tout prêt à rendre l'âme, de l'effort surhumain qu'il faisait. Les autres dirent, mais mollement :

— Nous itout aussi vrai comme Dieu nous voit à tâtons ! Un tas d'argicin en argicin qui serait haut comme la grand'meule à not' papa ne pèserait de rien auprès de la vraie vérité qui mène dans le paradis !

Je garantis le texte même de cette conversation, et au fond, c'est un honnête coin de terre, mais je ne voudrais pas affirmer que le diable n'eût pas quelque petite chose à glaner parmi ces héroïques déduits.

La malle fut apportée auprès de moi. Tous ceux qui purent s'asseoir dessus le firent et les autres essayèrent au moins de la toucher par quelque bout. La Guitte me poussa de côté parce que je la gênais pour prendre sa petite place au soleil d'argicin.

Mon frère, cependant, n'ayant garde de savoir à quel point l'attention de ses vassaux était captive de la grand'boîte, s'apprêtait courageusement à livrer la bataille qui devait mettre le sceau à sa naissante popularité.

Je me tiens à ma comparaison de Christophe Colomb. Edmond était tout à fait dans le même cas que ce grand homme, et prédisait à coup sûr. Il avait remarqué en effet l'endroit par où les eaux s'écoulaient. Avant qu'on eût démoli le barrage, l'eau, troublée par les travaux, était comme un voile impénétrable entre lui et les mystères du fond, mais maintenant, il pouvait juger l'obstacle par ses yeux.

Après avoir écarté le prop'neveu Martin d'autorité, il fit reculer la carriole en prononçant une série d'exclamations qui devaient être éloquentes, car Martin gevâ releva d'abord une oreille, puis l'autre, toutes deux longues et envergurées comme des ailes d'oiseaux de nuit.

Edmond, toujours debout, se pencha et lui caressa le garrot savamment. Je crois, ma parole, que Martin hennit, quoique papa Bodin qui restait fidèle et unique spectateur des efforts de son bourgeois désignât autrement le son produit et dit sans malveillance :

— V'là le fils de pourciau qui brait !

Il ajouta :

— Nom de delà ! (ce n'est point jurer), si not' monsieur arrache la petite chairrette en menant avec une pareille bête d'animâ de gevâ, ça sera qu'il sera un brave menoux, je ne mens pas plus més'hui qu'au jour d'hier, ni jamais, pour pas pêcher !

En ce moment même, mon frère rassemblait ce qui restait de Martin, après ses vingt-sept lieues faites, et disait tout bas, du fond du gosier, en soutenant à deux mains les rênes :

— Hie !

Ma foi ! Martin partit, et assez crânement, Bodin enfla ses joues et marcha un pas pour mieux regarder. Je vous fais remarquer que, tout à l'heure, au lieu de not' bourgeois, il avait dit not'monsieur. Je n'ai aucune raison pour vous le cacher : c'était une grande admiration qui naissait, et un absolu dévouement qui montrait son premier symptôme.

Mais tout dépendait encore du succès de *l'arrachage.*

La carriole commença à monter en gravissant la pente de l'obstacle. Ses deux roues parurent à moitié hors de l'eau. Martin manqua des deux pieds de devant et s'abattit.

— Hie! dit Edmond qui le remit sur pattes comme avec la main.

— Nom de delà! répondit Bodin sans savoir qu'il parlait : c'est d'l'ouvrage bien faite !

J'étais auprès de lui, je lui glissai tout bas :

— Depuis Rennes, il n'a mis dans sa panse qu'une chopine de cidre et une écuellée de soupe chaude.

— Qui ça, not'maître? demanda Bodin.

Et le mot maître lui fut évidemment tiré du corps par le coup de fouet magistral dont mon frère enveloppa les deux oreilles de Martin, droites et rejetées en arrière comme les cornes d'un cabri.

— Non, répondis-je, le cheval.

— Faut point mentir, me dit-il sévèrement, ça fait du tort, pour l'éternité !

J'allais répondre quand Martin s'enleva comme

un tigre, reniflant et soufflant. Bodin soufflait aussi dur que lui. Les deux roues de la carriole se mirent à grincer ensemble contre les roches invisibles.

— Hie ! fit mon frère.

Et Yaume Bodin :

— Ah ! nom de delà ! Ce n'est point jurer que je fais ! Qué sujet d'homme tout de même !

Il y eut un craquement, c'est vrai, mais la carriole, arrachée, dans toute la force du terme, monta sur l'éboulis, et mon frère se rassit, pendant que les oreilles de Martin retombaient en pendeloques.

Les gars et les filles n'avaient rien vu de tout cela, enfermés qu'ils étaient en esprit dans la grand'boîte, mais il importait peu : Bodin avait jugé.

Il ôta son chapeau lentement pour essuyer la sueur de son front, et je l'entendis qui grondait entre ses dents :

— Un bourgeois de ville ! avec un carcan qu'avait l'air d'aller à cloche-pied !... on ne me l'a point dit, je l'ai vu.... Chargez la boîte, vous autres, ordonna-t-il à ses gars, et allez devant vos nez !

Puis, s'adressant à Martin neveu, poliment :

— Je n'ai point bien parlé de vot'gevâ, l'homme,

dit-il : m'est avis qu'il vaut plus cher que je ne croyais, mais c'est tout de même, il ne vaut point not'maître!

Et il marcha à grands pas pour rejoindre la cariiole, suivi par les gars, portant la malle comme un cercueil.

— Eh bien! dit mon frère, modeste dans son triomphe, où est-elle, la maison de maître Le Hervageur?

— La v'là, répondit Bodin, qui tira sa mèche avec vigueur, ici, derrière les peupliers. Je vas vous dire, not'maître : je connaissous les roches qui sont sous l'iau : n'y a point personne dans la paroisse pour toucher si bravement que vous! V's êtes un menoux pour mener menant! »

III

En tournant le coin du rideau de peupliers, nous aperçûmes, en effet, une petite avenue de tilleuls bien proprette, dont tous les arbres étaient taillés en forme de champignons à mettre les perruques, ce qui me parut charmant comme préface d'une maison de notaire. Au bout de l'avenue, la lune éclairait en plein une petite maison blanchette par-dessus laquelle pointait le vieux clocher noir et dentelé de Saint-Juhel.

Au milieu de ce pays, pittoresque jusqu'à la barbarie et bourré de sauvages magnificences, cette petite avenue et cette petite maison reposaient la pensée comme un pain d'épices qu'on trouverait dans le désert. On est habitué à ne rencontrer qu'aux environs de Paris de pareilles innocences, mais réfléchissez que, sur cent notaires, il y en a quatre-vingt-dix qui viennent de Paris.

Il ne faudrait pas aller répéter là-bas, du côté de Saint-Juhel, ce que je vais vous dire en stricte confidence : je ne crois pas que M. Le Hervageur fût heureux dans son ménage : non point qu'il y eût rien à reprendre à la conduite de Mme Le Hervageur, mais au contraire parce que sa haute vertu et les avantages physiques du sommet desquels elle écrasait son mari la rendaient redoutable dans le train-train de la vie. J'ai ouï parler de cela, je ne l'ai pas vu. Parmi ceux qui le fréquentaient, M. Le Hervageur passait pour un notaire aussi sévèrement tenu que ses tilleuls.

Il pouvait être neuf heures du soir quand nous sonnâmes à la petite claire-voie peinte en blanc, posée en avant et à six pas au plus de la maison. Un chien, qui avait la voix cassée des bêtes trop grasses, aboya aigrement.

— Qui est là ? demanda une autre voix, si semblable à celle du chien, que je me demandai si ce n'était pas elle qui avait aboyé avant de parler.

Mon frère dit son nom ; aussitôt une petite porte s'ouvrit au-dessus d'un petit perron de trois marches, et une dame d'âge mûr, si grande et si grosse qu'on s'étonnait qu'elle pût sortir d'une si petite maison, et surtout y entrer, parut une chandelle à la main.

— Le secret pour ouvrir est à droite, sous l'anneau de la sonnette, dit-elle; ayez la bonté d'appuyer sur le bouton. On n'y voit pas, sans cela vous pourriez lire qu'il y a écrit dessus « secret, » c'est plus commode, et nous n'aimons pas les cachotteries. Je vous demande pardon, nous n'avons pas de domestique pour le moment, ils sont si insolents! et malhonnêtes! La dernière me volait du beurre frais pour un bobo qu'elle avait derrière l'oreille, et elle se mouchait dans mon madras de nuit, ce n'est pas propre. Avez-vous ouvert? Bien. Donnez-vous la peine d'entrer. Si j'avais eu une domestique, on vous aurait éclairés. M. Le Hervageur et moi, nous sommes flattés de faire votre connaissance, en dehors même des intérêts de clientèle. Ces malheureux propriétaires que vous remplacez n'étaient pas de mauvais voisins, ni de méchantes gens, mais.... ah! quelle histoire! Et si tout ce qu'on dit est vrai, la malechance dure pour eux depuis des centaines d'années! nous ne leur sommes de rien, quoique nous ayons retiré chez nous la petite Rosane, autant dire par charité : bonne enfant, pas de vices, mais bien ordinaire sous le rapport de l'éducation.... Ah çà! combien êtes-vous?

Tout ce qui précède avait été dit d'une lampée, sans virgules ni points, et avec cette voix cassée d'enfant dont j'ai parlé déjà. Cette voix n'allait pas très-bien à une géante comme Mme Le Hervageur, qui pouvait passer pour un des plus considérables échantillons de son sexe; mais après les tilleuls, on pouvait s'attendre à tout.

Edmond, qui était déjà dans le jardin, répondit, en lui présentant ses hommages, que nous étions deux, plus un nombre indéterminé de bons paysans qui portaient les espèces sonnantes exigées par M. Le Hervageur.

— Vous êtes deux! répéta l'énorme dame. Voyez comme ça se trouve! Nous avons justement deux chambres d'amis très-convenables à offrir, mais en l'absence de domestiques.... je n'ai pas même besoin d'achever avec des personnes comme vous qui ont reçu de l'éducation. Dieu veuille que vous en trouviez de passables si vous venez habiter le pays, j'entends des domestiques; moi je n'y ai encore rencontré que de méchants sujets, des coureuses, des voleurs, des ivrognes, et sales! Dans ma patrie à moi, c'est bien différent, car je suis une pauvre exilée, étrangère à la localité, étant native de Saint-Caraduc, à une grande lieue d'ici, où j'ai vécu avec

mes père et mère tout mon temps de demoiselle.
C'est le jour et la nuit. J'en pleure, il y a des
fois, d'être si loin de chez nous.... Montez
donc.

— Est-ce que c'est mon cher client et compatriote? demanda un mâle et retentissant organe
à l'intérieur de la maison.

— Reste tranquille, monsieur Herva, s'il vous
plaît, riposta l'exilée. En dehors des soins de ton
étude, je suffis à tout. Ces messieurs sont deux,
et Phanor ne dit plus rien depuis qu'ils ont passé
la grille. Il est étonnant pour deviner les personnes comme il faut, au flair!

— Mais fais donc entrer, Aglaé, dit la voix
mâle d'un ton qui n'avait rien d'impérieux.

— Qu'est-ce que c'est?... commença impétueusement la dame dont le visage devint
pourpre.

Mais elle fit un pas en arrière pour nous rendre l'accès possible, et au moment précis où nous
passions le seuil, elle dessina une révérence solennelle qui faisait l'éloge des bonnes manières
de Saint-Caradoc, son pays; du reste, ce nom
d'Aglaé dénotait déjà une civilisation trèsavancée.

Phanor, qui était entre nos jambes, mais
sans nous mordre, se mit à nous regarder atten-

tivement. C'était une bête de race inconnue, fruit de ces croisements fantastiques que le hasard et la sympathie produisent au sein de la liberté des champs. Il n'était pas propre, mais il était très-laid et gras à lard.

Cependant nous n'étions pas encore entrés tout à fait, car Aglaé se tenait au milieu de l'antichambre étroite et nous barrait résolûment le passage pour nous dire :

— Comme notaire, M. Le Hervageur n'a pas son pareil, j'aime à le proclamer, mais il faut une autorité dans un ménage, surtout à la campagne, et ça m'agace quand je le vois se mêler de ce qui ne le regarde pas. Il est de Saint-Juhel, mais Phanor vient de chez nous. Levez la patte, mon ami, pour Saint-Caradoc.

Phanor eut une toux sèche et leva la patte en effet, mais ce fut pour remplir un devoir de la nature contre un très-beau parapluie de cotonnade rouge, dressé dans le coin. Aglaé lui lança un coup de pied qui ne porta pas et s'écria :

— Monsieur Herva ! je vais te dire tout à l'heure ce que Phanor a fait ! Il s'est gâté à Saint-Juhel. Dis à Rosane d'ôter deux housses, deux ! Si ton clerc n'allait pas s'ivrer tous les soirs au bourg, avec les droits-réunis, on aurait pu offrir au moins la collation à ces messieurs, mais n'ayant pas de domestiques....

— Mais fais donc entrer, Aglaé !

Il y avait de la détresse dans l'accent du malheureux officier ministériel. Mon frère dit :

— Madame, les bonnes gens qui portent mes fonds sont dehors.

Elle tournait sur elle-même pour châtier Phanor, qui était lourd, mais adroit.

— Les paysans? répondit-elle, ça ne fait rien, méfiez-vous d'eux. Les anciens nobles les traitaient avec une dureté qui me fait mal au cœur, mais il faut tenir son quant-à-soi avec eux. Ils ont les pieds sales. En l'absence de domestiques, je ne les laisse entrer que pour affaires.... attendez !

Elle saisit, sous le parapluie rouge, un lambeau de linge sordide et vint au seuil.

— Est-ce lourd? demanda-t-elle à la cantonnade.

Aussitôt, du silence de la nuit, un chœur de voix s'élança où l'élément féminin dominait et qui répondit :

— Oh! si c'est lourd, si c'est lourd, Hervagiouse ! ça pèse censé très-fois comme vot'corps pèsera pour l'emporter au *berlinguin!* (cimetière.)

— Je m'appelle Mme Le Hervageur! prononça fièrement Aglaé. Ce n'est pas dans mon pays à moi qu'on estropierait ainsi mon nom. Approchez, Guelonne, effrontée, prenez la torchette.

La petite brune obéit et attrapa au vol le lambeau qu'on lui jetait, pendant qu'Aglaé continuait :

— Mettez-vous en bas du perron, ôtez les sabots et essuyez les pieds des porteurs.

Moi, je regrettais un peu la rivière et je me demandais quelle pouvait bien être la situation du notaire dans l'autre chambre. Était-il enchaîné, puisqu'il ne venait pas mettre fin à ces burlesques préliminaires? Edmond me dit avec amertume :

— Te voilà content, toi qui aimes les bêtes curieuses !

Il y avait du vrai là-dedans. Aglaé m'intéressait comme gibier à mettre dans mon carnier de physionomiste, mais j'avoue que mes réflexions glissaient sur une pente bien autrement sérieuse : j'avais les jambes toutes mouillées et une faim de loup.

Pendant la route, il m'était arrivé plusieurs fois de témoigner quelque inquiétude au sujet de la réception qui nous attendait dans la nouvelle propriété de mon frère. Il avait, lui, l'insouciance des gens qui ont couru le monde à la garde de Dieu, et je savais qu'il n'avait pris aucune précaution. A mes craintes exprimées, il avait toujours répondu :

— Tu comprends bien que M. Le Hervageur (Étienne-Olive) ne manquera pas d'offrir l'hospitalité à son cher client et compatriote pour ce soir. Si nous ne sommes pas chez lui à notre goût, une nuit est bientôt passée et on aura la journée de demain pour se retourner.

Cette réponse était sage selon les vraisemblances humaines, mais mon frère n'avait pas deviné Aglaé : Aglaé qui jouait si énergiquement de l'absence de la domestique et qui semblait déterminée à défendre son garde-manger jusqu'à la mort ! Ai-je oublié de mentionner qu'elle avait des moustaches ?

Au point de vue de notre souper et de la nuit qui devait s'ensuivre, l'avenir se rembrunissait pour moi terriblement. Saint-Juhel devait posséder une auberge, certainement, il n'en manque nulle part, mais quelle auberge ? Je savais l'histoire lamentable d'Émile Souvestre, mon vieux maître et ami, qui avait couché une fois dans un *hôtel* où il n'y avait qu'une chambre à cinq lits, au-dessus de chacun desquels pendait un écriteau portant, en français et en breton, cette pensée profonde comme l'Océan : « Vous êtes priés d'ôter vos souliers, à cause des draps, en vous couchant. »

Et Souvestre ajoutait, en racontant cela, qu'il n'obéit pas à cette injonction, au risque de sacrifier sa chaussure, — à cause des draps.

Il plut enfin à Mme Le Hervageur d'ouvrir la porte mystérieuse qui nous séparait du notaire. Il n'était pas enchaîné, il faisait plutôt l'effet d'être sous verre. C'était un tout petit homme, assez dodu, très-joli de figure, avec des cheveux blonds frisés et un teint à la fois pâlot et rosé. Il souriait comme les anges en cire qu'on donne aux enfants. Aglaé aurait très-certainement pu être sa mère. Il ne faut pas vous étonner : la Bretagne est la terre classique de ces mariages de raison. On s'y marie quelquefois pour vivre. Il faut bien d'ailleurs, dans tous les pays, qu'un notaire paye son étude.

Je ne remarquai pas tout de suite le frais et agréable minois de ce pauvre petit homme. Mon attention avait été d'abord attirée par deux grands yeux bleus, les plus beaux que j'aie vus en toute ma vie, qui me regardaient tristement, sous un béguin collant d'indienne noire, d'où s'échappaient, par derrière, des ondes de cheveux cendrés, fins, légers, lumineux comme la coiffure que les peintres prêtent aux chérubins de Dieu.

C'était une fillette qui avait quinze ans, à ce qu'on me dit plus tard. Elle était grande, élancée, si fière et si douce en ses mouvements que j'en fus comme enchanté. Son visage, admirablement noble et régulier, exprimait la peine, mais aussi la résignation, et la charmante suavité de sa bouche disait qu'elle n'était pas déshabituée depuis longtemps de sourire.

Mes yeux voient souvent des choses qui n'existent pas, c'est leur état, et je n'ai garde de m'en plaindre. Il me sembla deviner comme une prière dans l'adorable regard que cette belle enfant dirigeait vers moi. Du reste, aussitôt que le notaire en cire, doué de la môle voix que vous savez, eut appelé mon frère « son cher compatriote et client, » le regard qui m'avait tant charmé se détacha de moi pour aller à mon frère.

Cet ange, car je vous assure qu'elle était ange, cette ravissante vision s'occupait tout uniment à exécuter l'ordre d'Aglaé : elle enlevait deux housses sur les six qui recouvraient un nombre égal de chaises maigrement rembourrées sous leur vêtement de damas de laine d'un vert passé. Ce devait être « la petite qu'on avait retirée autant dire par charité » et qui portait ce nom romanesque de Rosane. Je ne puis rien ajouter au vague portrait que j'ai fait d'elle, car je ne remarquai même pas son pauvre vêtement. Pour moi, elle était toute habillée de poésie.

M. Le Hervageur lui fit signe de sortir et elle obéit, mais non sans jeter encore à mon frère, qui ne le remarqua pas, un regard suppliant. Qu'avait-elle à craindre de lui ? ou à espérer ?

—Allons, allons, messieurs, bienvenue, bienvenue! s'écria le petit homme d'Aglaé en se donnant, ma foi ! des airs de bon vivant qui ne lui allaient pas trop mal. Vous nous prenez sans vert. Marioleau est à boire du cidre, Orine a été mise à la porte, ce matin, sans quoi, nous aurions *sablé* (il dit sablé !) la fiole de Bordeaux-Médoc de rigueur, mais ça se retrouvera. Marioleau est mon clerc, l'infâme polisson, et Orine était notre servante, Orine par abréviation de Victorine, selon l'usage du canton. Quant à Rosane, pauvre chou, on ne peut pas trop la mener au doigt et à l'œil, parce qu'elle est de famille... C'est-à-dire... Dans ma première lettre, je vous ai dit en deux mots l'histoire de ces pauvres gens que vous remplacez. Beau commencement, vilaine fin, image de la noblesse, caste qui a fait son temps : Je vous prie : ne parlons pas politique... Nous avons retiré la fillette chez nous : dame ! il faut bien s'aider les uns les autres, pas vrai? Aglaé vendrait ses jupes pour faire la charité. Asseyez-vous, mettez-vous à votre aise, faites comme chez vous : ici, c'est la maison du bon Dieu !

Mon frère prit place, moi aussi ; vous pouvez croire que ce premier instant ne fut pas brûlant d'expansion.

— Je me suis fié à vos renseignements, commença mon frère avec la rondeur qui lui est propre, et je suis bien loin de m'en repentir...

— Quant à ça, interrompit le petit homme, vous avez eu raison, et la preuve, c'est que si vous voulez lâcher le marché, on vous offre déjà mille écus de bénéfice !

Je vous défie de trouver un nouveau propriétaire qui ne préfère une pareille déclaration à l'hospitalité la plus cordiale.

— Mais, poursuivit M. Le Hervageur, je ne vous conseille pas de toper, quoique ce soit mon intérêt. C'est une boule de suif que cette terre-là. Ceux qui la possédaient avant vous ne savaient pas et ne pouvaient pas la mener...

— Des nobles ! interrompit ici Aglaé qui entra en tourbillon. Voici les gars qui apportent la malle. Quand je dis des nobles, ils vendaient de la toile. Enfin n'importe, les mécaniques et la vapeur ont fait bien du mal à ce pays-ci. Et pas de conduite ! Un désordre ! ça a possédé dans les temps des lieues et des lieues de cultures, de prés, de forêts, A l'hôpital les incapables !... As-tu dit à ces messieurs pour le manque de domestiques et les deux mignonnes chambres qu'on aurait pu leur offrir ?... Arrivez, vous autres, et n'abîmez rien !

C'était la grand'boîte, apportée en procession par Mathau, Chinot, Renot, Francin et le reste, qui entrèrent pieds nus et aussi respectueux maintenant qu'ils s'étaient montrés hardis au dehors.

— Et maintenant allez voir plus loin si j'y suis ! leur dit Aglaé, dès que la caisse fut au milieu de la chambre. On ne peut pas vous monter un coup à boire à cause de la domestique... Ah ! la coquine !

Le notaire ajouta de sa bonne voix qui sonnait le cœur sur la main :

— Ça se retrouvera, mes enfants !

Tous les gars s'en allèrent sans rien dire, et il n'y eut que Martin neveu pour crier du dehors :

— En v'là des râpés de rapiasses ! malheur !

Par la porte ouverte et pendant que les gars posaient la malle devant le bureau, j'étais bien sûr d'avoir vu le père Bodin dans l'antichambre, et chose singulière, il me semblait que j'avais aperçu aussi un profil délicat, souriant sous un béguin noir, d'où s'échappaient des cheveux légers comme un nuage : Rosane, enfin, qui jetait ses deux bras autour du cou du vieillard et s'y tenait suspendue...

Aussitôt que la porte fut refermée, Edmond mit la clef dans la serrure de la malle; il n'avait nul désir de prolonger l'entrevue. La chambre où nous étions était le cabinet même du notaire qui trônait à son bureau entre une pile de contrats jaunis et une paire de balances de grand modèle.

— Mon cher client et compatriote, dit-il, ce jour sera marqué par moi d'un caillou blanc, selon l'expression du poëte. Aglaé pourrait vous parler mieux que moi des agréables points de vue qui abondent dans le pays, car j'ai si peu de temps pour me promener! Il y a plusieurs monuments druidiques et une fontaine miraculeuse. Quant aux voies de communication...

Je ne pus m'empêcher de rire en songeant aux chemins que nous venions d'affronter.

— Monsieur Herval s'écria Aglaé, voilà une idée qui me pousse! si on envoyait chercher la Leffondré au bourg, nous pourrions offrir à ces messieurs, l'hospitalité que nous exerçons ordinairement avec tant de plaisir, quand nous avons une domestique.

— Mais qui enverrions-nous ?

— Ah ! voilà ! Tu as raison, monsieur Herva, dit Aglaé, qui laissa pendre sa tête désespérée. Je vais aider à décharger les sacs. C'est malheureux.

L'opération du comptage commença ; elle fut longue parce que M. Le Hervageur ne se contenta point de peser chaque sac dans la balance, il les ouvrit tous, non pas tant pour éprouver les pièces que pour mettre de côté celles qui portaient certains millésimes (1831 et 33, je crois), et qui gagnaient deux sous à la pesée. C'était le petit bénéfice d'Aglaé.

Pendant que ce travail se faisait, la même Aglaé mit en avant toute une série de moyens adroits pour suppléer au manque de domestiques et nous retenir à souper, à coucher et même à demeurer une couple de mois chez elle, si son humble maison nous paraissait digne d'un pareil honneur, mais il se trouva que tous ces moyens étaient uniformément impraticables.

Entre temps, M. Le Hervageur formait des piles de cent francs avec une prestesse singulière ; il avait, pour ce jeu, des doigts d'escamoteur. A deux ou trois reprises et comme si une pente involontaire l'y eût mené, il se remit à parler des « anciens propriétaires. » Ce qu'il disait était très-vague. Je crus comprendre qu'il y avait deux familles, les de Byran et les Châteaupauvre qu'il appelait aussi les Coatmeur. Désordre, imprudence, ruine, tels étaient les mots qui lui revenaient sans cesse à la bouche.

Mais sans cesse aussi la forte Aglaé le faisait taire sous prétexte qu'il ne fallait point mal parler du prochain, et alors, à son tour et plus dur, elle mordait, faisant allusion à des aventures mystérieuses, tragiques même, qui nous étaient entièrement inconnues.

Il y avait de ces aventures qui dataient de très-longtemps : du temps où les Byran-Coatmeur étaient « maîtres de tout le pays. »

D'habitude, il n'en faut pas tant pour éveiller chez moi la curiosité professionnelle, mais je ne sais pourquoi, aujourd'hui tout cela me laissait froid. Je dressais l'oreille quelquefois quand elle venait à parler des « deux petits », pluriel qui désignait les derniers vivants de ces races déchues, et nommément ma belle fillette aux grands yeux bleus, Rosane ; mais soit paresse d'esprit, soit antipathie pour celle qui parlait, je n'essayais pas d'en savoir plus long. C'est à peine si je laissais tomber quelques questions indolentes, et la seule qui eût quelque intérêt vint de mon frère.

— Pourquoi, demanda-t-il, n'y a-t-il pas tous ces noms-là au contrat ? J'ai acheté de la faillite veuve Châteaupauvre et compagnie, tout uniment.

— Tais-toi, monsieur Herva, dit Aglaé. Quand je peux répondre, ce n'est pas la peine d'interrompre les comptes. Pour bien faite, l'affaire est bien faite. Quand la vente a été ordonnée, il ne restait plus que la grand'maman qu'on a enterrée le mois dernier. C'était une Châteaupauvre, et Châteaupauvre était à elle en propre. On avait vendu tout le reste, il y a beau temps. Les gens de Saint-Juhel ont toujours l'air de parler du Pérou quand il est question de ces gens-là, mais, au fond, ce n'étaient que des « toileux », comme on appelle ici les revendeurs de la cretonne de Quentin. Et des affaires dans un état ! Et un désordre ! Enfin voilà ; c'est malheureux, mais les hypothèques et dettes mangent tout et le double, pour ne pas dire le triple de l'actif. Si bien que les deux petits n'ont pas un liard à gratter sur le bon argent que vous apportez.

Puis reprenant impétueusement son dada contre les domestiques :

— Et tout est venu par un valet de confiance! s'écria-t-elle. J'aime mieux encore en manquer, quoique ça nous prive du plaisir de vous loger dans les deux chambres d'amis, que d'en avoir un comme le bon « M. Jean » qui est dans l'histoire du *Dormi-qui-va* et de son trésor.

— Le compte est juste, dit le notaire, au moment où ces derniers mots piquaient décidément et très-vivement ma curiosité.

Mon frère s'approcha du bureau pour solder les frais et recevoir la quittance ; Aglaé prit un ton confidentiel pour me dire :

— Dans la vieille maison, là-bas, *on* vous en dira plus long que cela, si *on* veut.

— Il y a donc quelqu'un ? demandai-je.

— Quelqu'un ?... répéta-t-elle. Ça tombe sous le sens que M. Herva, dans ses lettres, n'avait pas été vous mentionner toutes ces histoires de revenants qui vous auraient empêché d'acheter... des bêtises !

Puis, elle ajouta en baissant la voix :

— Un bon averti en vaut deux. Regardez où vous mettrez le pied, là-bas. Je ne crois pas aux sorciers, certainement, mais on voit de drôles de choses !... A la place de Monsieur votre frère, je voudrais être maître chez moi...

Elle se détourna pour faire à la dérobée un

geste qui me parut être... oui, je ne voudrais pas l'affirmer, mais je crois bien que c'était un signe de croix.

— Allons, en route! dit Edmond qui se leva.

Je crus que M. Le Hervageur allait en faire autant, mais il se borna à nous adresser un gracieux salut de la main en disant :

— Mon cher client et compatriote, à votre service, dès que vous voudrez vendre. Il me reste à m'excuser...

— Pour la circonstance de la domestique, interrompit Aglaé; tu devrais spécifier aussi, dans ces cas-là, monsieur Hervo, que tu ne peux pas te lever pour saluer parce que tu es infirme de naissance. Ça n'est pas un déshonneur, et il n'empêche que je t'ai choisi entre plus de cinquante prétendants par inclination de ta personne, sans que rien m'y forçât, sinon mon goût.

Ce petit notaire, en définitive, n'avait vendu qu'une moitié de corps : les jambes lui manquaient. Son marché était moins mauvais que je ne l'aurais cru d'abord.

Il riposta gaillardement.

— C'est vrai, l'Être suprême a oublié de me fabriquer des jarrets, mais le cœur tient bon, la tête aussi, et, sans que nous manquons de domestique, vous auriez vu que l'estomac en vaut deux!

Il était un peu plus de dix heures quand nous quittâmes ce ménage d'amour.

— Où diable retrouver nos gars, maintenant? dit mon frère en refermant la porte de la claire-voie.

— Ici, not'monsieur, répondit Bodin qui était assis sous le premier tilleul-champignon, entouré de son armée où ne manquait ni une fille ni un gars.

La lune était couverte de nuages, mais je crus bien voir, au moment où Bodin se leva, une gentille petite ombre qui pendait à son cou: la même ombre que j'avais aperçue déjà dans l'antichambre.

Quand nous rejoignîmes Bodin, elle avait disparu, mais j'entendis dans le noir les filles et les gars qui disaient tout bas:

— Bonsoir, à revoir, not'petite demoiselle Rosane!

IV

La fin de notre route ne fut marquée par aucun incident, sauf qu'il fallut rentrer encore une fois dans la rivière avant d'arriver. Du reste, on y était beaucoup mieux que dans les abominables fondrières usurpant le nom de chemins.

Papa Bodin avait dû certainement raconter en grand la belle conduite de mon frère à « l'éboulis, » comme menoux pour mener. J'ai dit que ce haut fait, dans le premier moment, n'avait pas été assez remarqué par les gars et les filles, occupés à adorer la grand'boîte où était l'argent de ville, mais le récit de Bodin remit les choses en place et rendit à Edmond l'estime qu'il méritait, car nous trouvâmes les manières de notre sauvage escorte notablement amendées. Désormais, tout le monde faisait, autour de nous, assaut de prévenances et de respect, et dans les passages par trop impossibles, la cariiole était littéralement portée par l'enthousiasme général.

Il y avait pour cela plusieurs raisons. D'abord, on pensait que mon frère « avait un don » pour avoir si bravement *arraché* la charrette ; en second lieu, la Guelonne ou la Guite, je ne sais plus laquelle, avait réussi à jeter un regard à l'intérieur de l'étude, pendant qu'on pesait-comptait.

— Y en avait, disait-elle en rendant compte de ses impressions, oh ! là là ! des pilées et des pilées d'argiein si épais, si épais comme je n'aurais jamais point cru que pouvait n'y en avoir dans le partout de toute la terre ! Et not'bourgeois n'y faisait tant seulement pas plus d'attention que si ç'aurait été de la paille, et l'autre monsieur (c'était moi) devisait *faignament* avec la Hervagiouse sans brin regarder les écus rouler, tinter et piler au long de la table.

Cette indifférence les frappait surtout d'admiration, en leur donnant l'idée que nous étions habitués à nous baigner dans l'argiein.

Il n'y avait pas jusqu'à Martin, le bidet, qui n'eût sensiblement gagné en considération. On n'était pas éloigné de croire qu'il avait aussi un don, et les Mathau allaient répétant aux Renotte :

— Not'papa a dit qu'il ne fauyait plus l'appeler fils de pourciau, étant qu'il est un animà' d'nature, comme ceux de par ici !

A mesure que nous avancions, notre escorte augmentait. De temps en temps, on entendait *houper* dans les champs. Houper, c'est cadencer un certain cri harmonieux, comme un chant de coucou, et formé de quatre notes qui descendent chromatiquement. C'est une façon de causer à travers la distance. Dans les nuits de Bretagne, tant que dure la saison des travaux champêtres, on entend de tous côtés houper sous les chênes. Un jeune homme qui houpe bien a des chances de s'établir avantageusement.

Papa Bodin, plus tard, quand je fus devenu son ami, me disait que le *houpage* était proprement le cri de ralliement des anciens chouans, et il s'y connaissait, puisqu'il avait porté la *tuette* pour le roi, dans sa jeunesse.

— Quand on revenait au pays après les tapées, expliquait-il, bien sûr qu'on cheminait à nuit, et par alors chacun houpait ceux de chez lui pour savoir s'il n'y avait point de pataud ou fédérés dans not'bourg de Saint-Juhé !

En un moment où la carriole roulait sans effort sur la lande aux rayons de la lune, je vis que notre garde d'honneur avait pour le moins doublé. Il y avait maintenant des enfants et des ménagères, et Bodin n'était plus seul à porter barbe grise.

Les nouveaux venus étaient mis au fait de deux grands événements : les piécettes blanches de la Fanchune et de la Guelonne et l'arrachage de la carriole, et en outre on leur parlait, mais tout bas et avec une piété fervente, de la grand'boîte qui pesait, qui pesait.... ah! qui pesait!

Je n'écoutais plus beaucoup, je songeais malgré moi à ce qui venait de se passer dans la maison du notaire. Chaque homme fait son métier : j'étais content d'avoir mis la main sur cette curieuse paire de physionomies, et pourtant, à bien parler, ce n'était pas M. Herva, si joli dans sa partie supérieure, ni même la puissante Aglaé, qui me faisaient rêver. Je pensais aux « deux petits » qui n'avaient rien à prendre sur l'argent apporté par mon frère.

Il y avait là une histoire, et je cherche les histoires. Le vieux Bodin devait la savoir. Peut-être qu'il aurait pu me dire la signification de ce regard plein de prière que la jolie Rosane nous avait jeté. Quels beaux yeux! Quel front de petite sainte et de petite reine!

— A quoi penses-tu? me demanda Edmond : je parie que c'est au souper? Je conçois ça. Mon compatriote sans jambes et ma compatriote, sa femme à barbe, nous auraient hébergés comme des princes, s'ils avaient eu seulement une domestique et de la bonne volonté. Tu les mettras quelque part, hein? avec Phanor?

— As-tu remarqué Rosane? demandai-je.

— Ah! oui, le petit béguin noir : si ça pouvait faire une héroïne pour le volume que tu es venu pêcher ici.... Mais c'est si jeune! Et puis, pas de héros! On a parlé pourtant de *deux* petits....

— As-tu vu comme elle t'a regardé?

— Non. Tous ces marchands de toile ont mal fini à cause de la vapeur.

— Mais c'étaient des gentilshommes! m'écriai-je.

— Parbleu! Est-ce que mon courtier d'assurances n'est pas marquis et mon placeur de vins vicomte? En revanche, ce sont les restaurateurs qui ont les châteaux; les croisades sont loin...; veux-tu savoir ce que nous avons de mieux à faire? C'est de demander la trempée à Bodin pour ce soir, et nous nous sécherons en fumant une pipe au coin de son feu.... Hé! là-bas! métayer!

Bodin allait haut et droit à quelques pas de nous. Il n'avait pas remis son chapeau depuis l'éboulis, et cependant il ne tourna même pas la tête à l'appel de mon frère qui me dit tout bas :

— Bêta que je suis ! Il ne faudrait pas trois bourdes comme celle-là pour faire évanouir toute ma gloire !

Un pauvre bonhomme de petite mine s'était approché et tirait sa mèche humblement, disant :

— Vous m'avez clamé, bourgeois ?

— Oui, mon gars. Va dire à *mon fermier* que je veux parler avec lui.

Pour le coup, Bodin se retourna tout d'une pièce, parce qu'on lui avait donné son vrai titre.

Au pays de Saint-Juhel, le métayer n'est pas, comme ailleurs, celui qui paye sa redevance en nature, mais bien le pauvre diable qui tient à bail un certain nombre de coins de terre disséminés et dédaignés, les rognures : comme qui dirait une moitié de fermier.

Vous pensez qu'un homme de trois cents écus comme était Bodin ne pouvait répondre quand on l'appelait ainsi.

— Point affaire d'aller me chercher, not'monsieur, dit-il, me v'là. Si c'est que vous voudriez m'appeler Yaume qu'est mon nom par baptême, je serais ben aise et obligé à vous.

— Je vais faire mieux, Yaume, dit mon frère, nous allons goûter votre cidre et votre galette, si vous voulez, ce soir.

Bodin ôta d'entre ses lèvres la petite pipe noire que les paysans bretons ont toujours à la bouche, c'est vrai, mais où ils brûlent si peu de tabac ! Sa belle figure prit une expression de cordialité à la fois si digne et si courtoise que j'en eus une émotion.

— Quant à ça, not'maître, dit-il, vous êtes un vrai sujet pour mener comme un meneux ! Et vous avez longé vot'dernier coup de fouet affreux comme un roi ! Mais de venir chez nous de même, tout par vous, sans qu'on vous y dise, ah ! dame ! ah ! dame ! saperbleure de bois ! c'est honnête de vot'part, tout en tout, et je promets de ne point l'oublier !

Il avait les larmes aux yeux, et moi aussi, tant il avait mis de bon cœur là-dedans !

Mais tout à coup il lui vint un nuage au front. Je le regardais et je dis à Edmond :

— Est-ce qu'il va faire comme Aglaé ? a-t-il perdu sa bonne ?

Mon frère me punit d'un mauvais coup de coude dans les côtes, et pourtant je n'avais pas tout à fait tort, car Bodin était devenu soucieux. Il marchait au ras de la roue en silence, et je l'entendais soupirer. Quand il ouvrit enfin la bouche, je m'attendais presque à entendre, traduite en patois, la fameuse phrase :

« Sans le manque de domestiques.... »

— Je vas vous dire, commença-t-il, la vieille Mêto est ma commère. Pour contente, ne le sera point. Et de l'affronter, y en a qui disent qu'on peut en avoir du deuil....

Ce qu'il allait ajouter, je n'en sais rien, car il se redressa brusquement, redevenant le plus beau paysan-grand-seigneur que j'aie admiré en ma vie.

— Dira donc ce qu'a voudra ma Mêto ! continua-t-il d'un ton résolu, et aussi fera ! Je n'y regarde point par l'honneur et le contentement que vous nous donnez més'hui, not'maître.... et en vous remerciant pour tertous nous !

En ce moment, l'escorte s'arrêtait dans un fond remarquablement boueux, mais où la boue était recouverte pas une épaisse couche de *balle*, comme ils appellent les issues de froment. Ceci annonce toujours l'approche d'une ferme, et c'est un moyen économique de se procurer du fumier en pourrissant la folle paille des épis dans la fange toujours plus épaisse aux abords des lieux habités. Les gars et les filles, en Bretagne, aiment ces puissantes émanations qui forcent les graines à germer.

Il y avait à droite un mur bas, en ardoises violettes, par-dessus lequel pendait un figuier, que dominait lui-même, à une grande hauteur, un noisetier géant. A gauche c'était un chêne bossu, tout fait de nœuds et de cicatrices, où l'on avait creusé à la hache une niche assez large qui contenait une vierge en faïence, gardée par un grillage de fer.

Entre deux c'était la route, enfouie sous un mètre de fumier. Deux chiens-loups, le fils et la mère, aboyaient là-dedans, à demi-noyés.

— Nous v'la rendus-venus! dirent quelques voix.

La carriole, cependant, continuait de rouler dans l'engrais.

— Est-ce Châteaupauvre? demanda Edmond.

— Oui fait, répondit Bodin, à deux pas, de l'autre côté de la métairie.

Nous longions de grands bâtiments qui bordaient le chemin.

Mon frère demanda encore :

— Où est l'avenue?

— Y en a cinq autour du grand châtiau, répliqua Bodin, cette fois avec emphase; y en a trois au châtiau neuf en Plœuc, et y en a deux, des belles, au châtiau de Coatmeur-sous-Forêt, mais ici, n'y en a miette : c'est le châtiau pauvre. Pas besoin d'avenue!

Au bout du dernier bâtiment de la ferme,

venait une aire à battre, et de l'autre côté de l'aire une maison assez étendue en longueur, mais élevée d'un seul étage et dont les murs, que la lune éclairait très-vivement, étaient noirs et blancs comme le plumage des pies, tant le crépi à la chaux qui marquait l'entourage des pierres tranchait avec violence sur le vieux granit. On entrait là tout de go par une petite cour verte, entourée d'un mur d'appui qui avait une brèche.

— Mazette! dit mon frère sans trop de désappointement, car il n'avait jamais eu la pensée de résider, je ne m'attendais pas à un palais, mais c'est une grange que cette masure-là!

— Aux autres fois, répondit Yaume, on y a vendu et acheté de la toile de Quintin assez pour payer la paroisse entière de Saint-Juhel, et du temps de la bonne dame, j'ai vu qu'il y avait vingt-trois fûts de cidre à la fois sous le hangar. Quand la grand'maman fut toute seule avec les petits, ça changit-tombit tout à bas.... On va-t-il dételer votre bête de gevâ?

— A moins qu'il n'y ait pas d'écurie où le mettre.... commença mon frère, non sans amertume.

— Je n'aime point mentir, interrompit Bodin,

y a où le mettre et douze avec, et de la place de restant. Du temps de la bonne dame, j'y a vu vingt animâs de gevâs ensemble à manger, jusqu'au ventre dans la paille fraîche. Ça tombit-changit quand la grand'maman fut toute seule à se défendre contre les toileux.

Ce qui suivit, je ne saurais le dire, car je venais de traverser l'aire, attiré que j'étais par cette bizarre maison, mi-partie comme un drap de deuil et qui pourtant semblait sourire sous le regard éclatant de la lune.

J'entrai dans la cour verte pendant qu'on dételait. Je comptais rejoindre mon frère au bout d'un moment : mais je me mis à regarder un vieil écusson fruste, dont il m'était impossible de distinguer les pièces ni les émaux, — et puis une lucarne de grenier, toute chargée de sculptures, qui jurait avec ce qui l'entourait, — et puis un crucifix de toute beauté, sculpté en plein granit au-dessus d'une vilaine petite porte, odieusement surbaissée.

Quand je me retournai vers l'endroit où, tout à l'heure, on dételait Martin, il n'y avait plus personne. Je n'ai pas à vous apprendre qu'ici nul ne faisait beaucoup d'attention à moi. On n'avait pas même dû s'apercevoir de mon absence. Je fus content de rester seul. Pourquoi ?

Je n'en sais rien. Quelque chose m'attire vers ce qui parle du passé.

Mes yeux firent le tour de la cour verte; je cherchais l'écurie où vingt chevaux avaient mangé ensemble. Je n'en vis trace. Et je me repris à regarder la maison toute quadrillée de blanc sur noir. Il y avait un énorme rosier à mille feuilles qui montait jusqu'au toit, laissant pendre par milliers ses bouquets de petites roses : de celles qu'on nomme roses-thé à cause de leur pâleur.

Et il y avait aux deux bouts de la pauvre façade, — car plus on examinait, plus c'était pauvre, malgré le cadran solaire, l'écusson et le crucifix, — il y avait, dis-je, deux grosses touffes d'hortensias, dont la couleur naturelle s'était teintée d'azur à cause de leur vieillesse.

Je voulus cueillir une rose, mais elles étaient trop haut-pendues, et comme ce désir m'avait rapproché de l'une des portes, je pesai sans trop y songer sur la targette qui se rencontra sous ma main.

La porte s'ouvrit, je ne m'y attendais pas; l'éclat de la lune m'avait empêché de voir aucune lumière à l'intérieur, et je croyais la maison inhabitée.

Je me trouvai tout d'un coup dans une grande

cuisine, éclairée par une chandelle de résine, longue et mince comme une ficelle, qui avait pour chandelier un brin de bois fendu, planté dans le mur de la cheminée.

J'éprouvai une gêne. Ma première impression, irréfléchie, mais très-vive, fut la crainte d'avoir été indiscret. En somme, il y a toujours une tristesse dans ce fait d'une vieille demeure qui change de maître. C'est comme un corps qui ferait le troc de son âme. Je m'arrêtai, indécis, sur le seuil.

— Vous v'là déjà, vous! me fut-il dit assez rudement par une personne que je ne voyais pas encore. Vous n'avez point tardé!

Ces chandelles de résine éclairent très-mal et crépitent en brûlant. Autant la nuit du dehors était limpide et brillante, autant ici la lumière était sombre. Il y avait dans cette grande pièce, basse d'étage, un brouillard qui n'était pas de la fumée, et dont les lueurs tremblotantes de la chandelle ne pénétraient qu'une portion, en forme de nimbe allongé.

Là-dedans, je vis d'abord un rouet qui tournait, et je le vis surtout parce qu'il grinçait en tournant. Auprès du rouet, quelque chose était assis, sous le manteau même de la cheminée : une masse noirâtre qui me dit :

— Bonsoir et à vot' gardien. Vous pouvez bien entrer, puisque vous êtes chez vous par le malheur.

Je suis Breton et je connaissais dès l'enfance cette formule de la politesse bretonne, qui salue à la fois l'homme et l'ange chargé de veiller sur son âme, mais jamais je n'en avais si bien remarqué l'austère signification.

Mes yeux, cependant, s'habituaient à l'obscurité. Je distinguais dans la masse noire qui était auprès du rouet une femme assise ou plutôt accroupie. Elle me paraissait toute petite, ratatinée et très-vieille. On ne voyait point ses cheveux, cachés sous ce vêtement qu'on nomme un capot et qui ressemble à un froc de moine, mais ses yeux brillaient dans cette ombre comme deux vers luisants à l'intérieur d'un buisson.

Elle filait à la façon des « quenouillères » de Quintin, qui appuient leur fuseau contre la hanche pour tordre cette trame de la « trétoile, » si célèbre parmi les ménagères avant les crimes de la vapeur, et son rouet chantait toute une chanson de vagissements, comme s'il y avait eu en dedans une âme de petit enfant malade.

A la droite de cette créature était l'âtre qui rendait encore une fumée blanchâtre, sous le chaudron pendu à la crémaillère, quoique le feu parût éteint. Des deux côtés du maigre foyer, et toujours dans la cheminée même, il y avait quatre siéges, rangés contre le mur : trois billots et une *chaire* ou fauteuil de bois à bras pleins, attachés en équerre à son dossier droit carrément coupé.

A gauche, je commençais à entrevoir le bout de la grande table, flanquée de ses deux bancs et portant une écuelle, — une seule — dans laquelle était une cuiller de bois noir à long manche.

La vieille, sans s'arrêter de filer, se tourna à demi pour regarder du côté de l'écuelle et dit :

— Finissez vot' trempée, petit fieu, celui-là ne vous mangera toujours pas sans beurre ni sel !

Ce fut alors seulement que j'aperçus une autre ombre, immobile comme une statue, et qui me fit penser tout de suite à ma belle petite Rosane.

C'était un jeune garçon dont le visage ne m'aurait point autrement frappé, si je l'eusse rencontré ailleurs par hasard. Il était loin d'avoir la taille haute et si poétiquement élancée de la fillette, retirée chez les Le Hervageur « autant dire par charité, » mais sa pose présentait une apparence solide, et je croyais deviner en lui (c'était imagination peut-être) je ne sais quelle sauvage majesté.

Je dois avouer, du reste, que ces observations étaient faites à tâtons ou à peu près. Je n'étais sûr de rien, sinon de la sensation pleine de malaise, produite en moi par deux chaudes lueurs qui brûlaient sous l'énorme chevelure de ce jeune garçon, lourde à l'œil comme celle que les peintres prêtent à Samson, douzième juge d'Israël.

D'après l'invitation que lui adressait la vieille fileuse, je pensai qu'il avait dû se lever de table à mon entrée, laissant son souper inachevé. Ceci était vrai. L'écuelle restait à demi pleine.

Il ne répondit ni ne bougea.

En vérité, je ne pourrais dire pourquoi je fis quelques pas à l'intérieur, car mon intention était de rejoindre mon frère et je me sentais de trop ici. La fileuse, en me voyant approcher, allongea le bras et décrocha la résine pour la moucher avec ses doigts, qui manièrent et nettoyèrent la mèche enflammée comme s'ils eussent été incombustibles.

Cela jeta une clarté tout autour de la cuisine, dont je vis les murs enfumés, où se collaient çà et là des images de saints, encadrées dans des complaintes, et deux ou trois portraits authentiques de l'Enfant Prodigue gardant ses cochons. En Bretagne, les estampes représentant l'Enfant Prodigue obtiennent toutes le même succès, quoiqu'il y en ait des centaines de divers échantillons, et qu'on en édite de nouvelles tous les jours. C'est à cause des cochons. Le « pourciau » ou le « pourcé » est toujours le favori de la famille bretonne, et l'Enfant Prodigue bénéficie de cette tendresse.

Il y avait aussi une *môt* ou bahut pour le pain, deux très-beaux dressoirs de vieux chêne, remplis de curieuses faïences, tristement ébréchées, et un lit-armoire à double étage sculpté à miracle.

La *dalle* ou pierre d'évier, située auprès de la porte, aurait pu servir de piscine, tant elle était large et profonde. L'ameublement était complété par un fût à cidre couché sur son échafaud et un métier de tisserand avec sa haute escabelle.

Je ne jetai à toutes ces choses qu'un coup d'œil, et pourtant, quand je ramenai mon regard vers le bout de table où était l'objet principal de ma curiosité, le jeune gars aux sombres prunelles et à l'énorme chevelure, je ne vis plus personne.

La statue avait marché. Sa place était vide.

Il me sembla que la vieille me regardait d'un

air goguenard en faisant gémir son rouet avec un redoublement d'activité.

— C'est moi Môto Lecouin, me dit-elle presque gaiement ; vous avez, pour sûr, ouï parler de moi, d'avance et déjà, dans le vent.

Et comme je ne répondais pas assez vite, elle ajouta non sans fierté :

— On me connaît, je n'ai garde de mentir !

— Et quel est cet enfant ? demandai-je.

Sa figure changea et ses deux sourcils, qu'elle avait touffus comme deux petites queues de renard, tombèrent sur ses yeux brusquement.

— Il ne vous fait point de tort, répondit-elle : c'est Châtiau !

— Ah ! fis-je, c'est Château ?

Car, en ma qualité de chasseur d'histoires, je comprenais déjà, ou croyais comprendre.

Elle cessa de filer, repoussa son rouet et croisa ses deux mains sur ses genoux en silence. Cela dura un bon moment, puis elle reprit :

— Vère vraiment, c'est Châtiau, le pauv'petit corps ; il est noble de noblesse, aussi sûr qu'on est sur la terre pour souffrir et pour mourir... Alors, c'est vous qu'est l'achetoux qu'a acheté ?

— Non, répondis-je, c'est mon frère.

— Ah ! fit-elle, pendant que ses queues de renard revenaient sur ses yeux, allumés tout à coup bien mieux que la résine, et où qu'il est, vot' frère, alors, consé ?

— A la ferme.

Sa voix trembla de colère.

— *Va doud !* jura-t-elle en breton. Failli merle ! (je ne parle point de vous) à la ferme ! J'avions mijoté une chaudronnée ! à la ferme ! ça n' se peut point ! ni n' se doit point ! n'y a que de la galette à la ferme, et des grous (bouillie de blé noir) ; j'n'aimons point l'achetoux, sûr et vrai, ni brin, ni biaucoup, du tout, en tout, mais faut qu'il goûte la chaudronnée, puisqu'elle est cuite... Châtiau ! Châtiau ! Châtiau ! Arrivez, Guy chéri, viau de vicomte !

A cet appel trois fois répété, une petite porte s'ouvrit entre la mêt et le lit-armoire, et le héros du roman qui germait dans ma tête apparut de nouveau, mieux éclairé, cette fois.

C'était un rude petit homme que ce noble de noblesse qui portait une demi-blouse ou sarrau de toile bise et un pantalon percé aux deux genoux. Il était très-blanc de peau avec des traits finement arrêtés, dont l'ensemble exprimait l'énergie et même la dureté. Il paraissait du même âge que Rosane, bien qu'il eût réellement trois ans de plus, et c'était aussi dans ses yeux que résidait le caractère de sa beauté.

Car il était beau, malgré l'âpreté offensante de son regard, et quand le voile de ses longs cils recourbés descendait sur ses prunelles, plus noires que le jais, l'ensemble de ses traits prenait une douceur étrange.

Cela n'arrivait pas souvent. D'ordinaire, il ne baissait jamais les yeux, et il y avait un défi dans la fixité de sa prunelle.

Il ne parla point. Méto enfila deux douzaines de mots bas-bretons, prononcés avec volubilité, et il disparut derrière la porte refermée.

— A la ferme! grommela-t-elle. Pas de bon sens! Quoi qu'il bouzille à la ferme? La ferme est la ferme! La maison de noblesse, c'est ici, n'y a pas d'affaire d'aller à la ferme. Yaume Bodin n'est point méchant, mais il me le payera, aussi sûr que ma mort, s'il va contre moi!

Cela dit, elle rapprocha son rouet et se remit à filer sans plus s'occuper de ma personne que si je n'eusse pas existé.

Ce n'était pas tout à fait mon compte. Je ne m'inquiétais pas autrement de ses dédains, d'ailleurs légitimes, puisque je n'étais rien pour elle, pas même l'acheteux, mais je voulais causer et surtout savoir. Peu versé que je suis dans la langue celtique qui est, au dire des amateurs, le premier idiome du monde, j'avais compris néanmoins l'ordre donné par Méto au jeune gars qu'elle avait désigné dans son discours breton de deux manières différentes : « mon chéri Guy » et « viau de vicomte. » Il s'agissait tout uniment d'aller à la ferme, de laver la tête au vieux Yaume pour l'audace qu'il avait eue d'y attirer l'achetoux, et enfin d'amener mon frère mort ou vif, sur-le-champ. Ceci était le principal.

— Un joli enfant ! dis-je pour renouer l'entretien.

— Assez, me répondit-elle. Merci !

— Mais, poursuivis-je, quoique son accent ne fût pas encourageant, la petite demoiselle est encore plus jolie.

Elle ne répondit point, cette fois.

J'attaquai d'un autre côté et je repris :

— Ce n'est pas Yaume qui a invité mon frère, c'est mon frère qui lui a demandé la trempée, chez lui, ce soir.

— Ah ! fit-elle entre ses dents, c'est les cherchoux d' pain qui quémandent à manger... De qué petite demouaizelle que vous causiez, tout à l'heux, causant ?

A mon tour, je fis la sourde oreille. Au lieu d'insister, elle entonna tout doucement la complainte d'*Henriette et Damon*, qui est bien autrement populaire en Bretagne que les merveilleuses poésies gaëliques. Au troisième vers, elle s'interrompit pour dire :

— Qué petite demouaizelle que vous disiez qu'elle est encore plus mignonne que lui ?

Je prononçai enfin le nom de Rosane, et elle s'écria :

— Vous avez donc allé chez les Hervagioux ? Ils en ont eu de l'argiein d'ici, misère du bon Dieu, ceux-là! ne faut jamais se mettre dans l' papier, ça empoisonne! Le monde ne saurait manger tout son bien, ni le boire par la faim ou par la soif, mais dès qu'on touche au papier d'écrit, c'est la grand'bouche d'enfer qu'avale!... Rosane n'est point une demouaizelle, sachez ça pour vous.

— Qu'est-elle donc ?

— Une « promise à Jésus; » sa prop'mère qu'était la fille à la bonne dame, qu'était la fille à la grand'maman, l'a vouée sœur grise par son testament, pour payer l'ancien péché.

— Et ce n'était pas la mère de celui que vous appelez Château ?

— Je l'appelle Châtiau parce qu'il est Châtiau comme vous êtes je ne sais pas quoi et moi rien en tout du tout, depuis soixante et onze ans à la battée du blé-nâ (blé noir)... sa mère! Qui ça ? la fille à la bonne dame ? La mère à Châtiau ?

ah! nona, nona! Y avait les Byran, pas vrai, qui venaient du *Dormi-qui-va* d'Angleterre, et les Coatmeur de Plœuc: h'étaient du monde, ceux-là! Avaient ensemble vingt-deux lieues de forêt en long et cinq en large, à eux, tout à eux, avant de vendre de la toile comme les toileux de la ville de Quintin! Misère! misère et pénitence aussi! n'y a plus ni pauvres ni riches quand on a passé l'agonie... J'ai vu les forêts et les guérets s'émietter motte à motte, petit à petit, grenuche à grenaille, par le guignon de ceux qu'ont la *faine* (mauvaise chance) de perdre toujours sans jamais gagner. Chaque sang, chaque rang; rien ne vaut pour les nobles de noblesse d'acheter ni de vendre, quand ce serait de la trétoile, n'étant pas assez judas pour faire des vrais marchands marchandants. Vère sûrement. J'ai vu ça à travers de pleurer comme à travers de rire, car dans si long de temps que j'ai vécu, s'est trouvé des jolis et des vilains jours. Voulez-vous savoir la vérité, l'homme? J'en ai vu beaucoup et plus n'en verrai guères, grâce à mon grand Dieu Sauveur, qui me sauvera au nom du Père et du Fils et le reste. Quand je ferme les yeux, ma fosse est devant moi, ni plus large ni moins que celle de Monseigneur l'évêque. Dià de ça! Haïte! dio! dio! Ils diront de même en me conduisant à ma messe de mon *libera*, car j'en aurai une chantée de messe, pour cause que Monsié Prévôt me l'a promis, qu'est le curé. Et je ne vas point trop jurer not' Yaume Bodin pour m'avoir fait du tort, car c'est lui qui mènera mon corps et ma châsse dans sa chairrette neuve avec sa paire de grands bœufs, il l'a promis : j'y pense terjoux ! (toujours). Le monde viendra guetter voir comme on m'enterre !

Vous me croirez si vous voulez, c'était dit gaiement, non pas les transparentes allusions faites à la ruine de ceux qui avaient sans doute été ses maîtres : les Byran qui venaient du *Dormi-qui-va*, et les Coatmour, plus riches que la famille de Carabas — mais bien tout ce qui regardait son dernier voyage à elle, Môlo, sur le chemin du cimetière. Il n'y a pas au monde, en dehors de la Bretagne, un pays où la mort soit si doucement amie.

J'écoutais, saisi par la saveur extrême que ce langage de nos paysans acquiert pour ceux qui en comprennent toutes les images et toutes les tournures. Je ne voudrais pas, certes, oublier notre admirable français pour ce pauvre patois *gallo*, comme on l'appelle, mais ce patois dit parfois des choses que notre français ne saurait exprimer, et quand l'accent si particulier du pays le ponctue et l'assaisonne, quand l'emphase du geste vient en aide à l'énergie de la parole, on est souvent étonné de la richesse qu'il recèle, soit au point de vue comique, soit même pour faire vibrer les cordes graves de la fierté, de la tendresse et du sentiment religieux.

Toute surprise cesse, du reste, dès qu'on réfléchit aux parentés étroites qui existent entre ce patois et la vieille langue si éloquente de Marot, de Montaigne et de Rabelais.

Je me gardais bien d'interrompre Méto, sachant que le silence est la meilleure manière d'interroger les simples qui se complaisent en leurs discours. Sa voix s'était adoucie, je gagnais manifestement son estime en l'écoutant, et je voyais à certains signes physionomiques que le besoin d'être comprise allait rendre bientôt ses renseignements plus explicites. C'était la seconde fois que j'entendais ce singulier mot « Dormi-qui-va, » et je l'avais noté avec soin dans ma mémoire pour en demander la traduction à l'occasion.

Car désormais, pour moi, l'éclaircissement général de tous ces mystères qui m'entouraient depuis notre visite chez les Hervageur n'était qu'une question de patience, et la prochaine phrase de Méto allait faire luire peut-être un flambeau dans cette nuit.

Mais je comptais sans mon hôte, dans toute la force du terme. Le moment n'était pas venu. Méto avait aussi son idée, et de nos deux curiosités, la mienne n'était pas la plus vive.

— Je ne dis point, reprit-elle, que les Hervagioux sont du mauvais peuple ; ça n'est ni méchant ni bon : ça vend du papier d'écrit, ça ment comme l'écrit du papier. Je ne m'embarrasse point du mal qu'ils vous ont dit rapport à moi....

— Ils n'ont pas parlé de vous, interrompis-je.

— Par alors, s'écria-t-elle en riant franchement, c'est qu'ils ont affaire qu'on leur déniche une domestique à prendre et à renvoyer. Ça arrive toutes les semaines.... Bon ! bon ! ils connaissent que je ne suis point au-dessous d'eux, étant, moi aussi, de ville, née native, et nourrie de pain blanc. Je sais lire dans les livres et dans l'écriture. C'était moi la demoiselle de compagnie, au temps où la grand'maman allait encore en carrosse à la messe chantée de Quintin avec la bonne dame, deux gars galonnés par devant, deux par darrère et moi siétée à reculons.

Elle s'arrêta brusquement.

— V'la vot' frère l'achetoux qui s'attire de chez Yaume, dit-elle, l'enfant y a dit qu'il vienne et il vient. Écoutez !

Encore une fois sa physionomie changea. Elle me lança une œillade cauteleuse et fit tourner son rouet de plus belle. Je prêtai l'oreille aux bruits du dehors, et je n'entendis rien.

— Oh! fit-elle avec son singulier sourire, où il y avait plus de bonhomie que de sarcasme, ils sont encore loin, mais je les guette venir. Ce n'est point par écouter que je les entends, dà! je suis sourde d'oreille depuis du temps et j'ai pris-cueilli tout ce que vous avez dit sur vot' bouche avec mes *ués* (yeux).

— Par exemple!... m'écriai-je.

— Sia (si), sia! sourde comme les cloches, je n'mens point, peur de pécher, sans ça, un chacun n'ferait que mensonge, puisque toute gent trompe comme vache meugle.... Les v'là qui dévalent dans le chemin. Les deux demi-leus (loûps) doivent s'ébrayer, hé?

— Les entendez-vous aussi avec vos yeux, ma commère? c'est vrai que les deux chiens aboient comme des diables!

— C'est que l'bancal qui boîte passe au vent de eux. Les demi-leus n'aiment point l'bancal, à cause que l'bancal est l'*espie* qui mouche pour les Hervagieux.... Les v'là dans l'aire, vot'frère et mon Yaume.

Je commençais à entendre le bruit des pas.

— Avant qu'ils arrivent, dis-je, rendez-moi donc le service de m'expliquer ce mot : Dormi-qui-va....

— Ce n'est point un mot, répliqua-t-elle, c'est très (trois) mots. Que donnez-vous pour la peine?

J'hésitai, parce que je ne m'attendais pas à cette ouverture, qui m'enchanta d'ailleurs

— Donnez-vous dix sous? ajouta-t-elle.

— Bien volontiers.

— Oui dà! Vous auriez p't être aussi bien donné les vingt sous tout ronds, alors?

— Ma foi! oui.

Elle tendit la main d'un geste rapide, et j'y déposai ma pièce blanche. L'expression de son visage était devenue grave tout à coup.

— En vous remerciant, dit-elle; je ne fais usage de rien qui coûte. Je ne mange que ma soupe, je ne bois que de l'iau. Mes mêmes hardes me durent depuis quatorze ans que je les eus neuves pour l'enterrement de Monsié vicomte, qu'était l'prop'père de Châtiau; je n'les finirai point d'user. Je ne chique, ni ne fume, ni ne bélune (prise), mais j'aime l'argiein tout de même et je n'en ai guère; à mieux dire j'n'en ai point.... Un dormi-qui-va, c'est de la drôle de gent; l'méd'cin de Quintin disait qu'on pouvait aller et venir sa vie durant, tout partout, sans en rencontrer tant seulement la queue d'un qui n'est qu'un, mais moi, j'en ai vu, mon Dieu Seigneur! et souvent, et assez! Ils l'étaient tous de père en fils dans la maisonnée. Tous et tertous! C'tui-là qui vint l'premier de l'Angleterre l'était. C'tui-là qui fouit-enterrit le grand argicin l'était. C'tui-là qui fit la fin du mari de la grand'maman l'était, et Monsié-vicomte aussi, et.... et les v'là, vot'frère et Yaume, qui passent dans la cour!

— Mais qu'est-ce que c'est? qu'est-ce qu'ils étaient? m'écriai-je.

— Je suis bon enfant, disait mon frère en élevant la voix avec mauvaise humeur, mais je ne veux chez moi que les gens que j'y mets! Voilà!

— Bon, bon! fit Mélo entre ses dents, faudra voir.... achetoux!

Puis se tournant vers moi et me regardant en face de ses deux petits yeux perçants :

— Les v'là tout battants qui s'attirent! c'est fini d'causer, guettez! vous êtes curieux assez, mais vous avez tout d'même l'air d'un bon sujet. J'n'aime point vot' monsié-frère avant de le connaître; on ne peut point aimer à la fois ceux qui viennent et ceux qui s'en vont. Si j'aurais pu l'empêcher.... mais à quoi sert de dire, puisque je n'ai point pu? Que je l'aime ou non, ça n'y fait rien : faut que je reste ici. J'y resterai, s'il veut, et j'y resterai, s'il ne veut pas. Ah, ma foi! dame vère! Par alors, demain matin, j'vous chaufferai vot'soupe, et pendant que vous la mangerez, je vous dirai c'que c'est qu'un Dormi-qui-va, pour vos vingt sous.

V

Cela dit, Mêto Lecouin se ramassa sur elle même, comme font les hérissons en face du danger. Elle ne m'avait jamais semblé grande, mais c'était maintenant une toute petite bonne femme à la figure pateline, et qui tournait son rouet avec les mouvements doux des chats qui font belle patte.

C'était une bataille, évidemment, qui allait avoir lieu, et j'étais curieux de voir comment mon frère, vainqueur de l'éboulis, allait sortir de cette nouvelle aventure. Je le connaissais pour être la bonté même, mais facile à mettre hors des gonds, et les paroles qu'il avait prononcées en traversant la cour me donnaient à penser qu'il venait précisément de recevoir quelque méchant rapport au sujet de Mêto.

Il avait dit : « Je suis bon enfant, mais je ne veux chez moi que les gens que j'y mets !

Et il n'y avait certes pas mis Môto Lecouin !

Et Môto, de son côté, avait dit : « Faut que je reste ici, j'y resterai, s'il veut, j'y resterai, s'il ne veut pas, ah ! mais dame vère !

J'allais juger les coups. Et au risque de passer pour un cœur dénaturé, j'avoue que j'étais un peu du parti de Môto Lecouin, puisqu'elle avait mon roman sous son capot.

Mon frère entra tout rouge en disant à Yaume qui le suivait chapeau bas :

— On m'en avait bien touché un mot chez le notaire, mais une femme capable de monter de pareilles mécaniques, je n'en veux pas dans la maison !

Le cri du rouet attira son attention, et il m'aperçut auprès du foyer.

— Tiens, tu es là, toi? me dit-il; du moment qu'il y a une sorcière, j'aurais bien dû me douter que tu étais auprès de sa marmite !

Et s'approchant de moi, il ajouta d'un ton sérieux :

— Tu sais, pas de mauvaise plaisanterie. On a dans un pays la place qu'on s'y fait. J'entends nettoyer ma maison du premier coup.

— Tu es chez toi, répondis-je.

Je ne sais pas quel accent j'avais mis à prononcer ces simples mots, mais mon frère se recula de moi comme si j'eusse été un serpent à sonnettes et s'écria, d'un ton de comique désolation :

— Bon! il ne manquait plus que cela! Voilà l'animal qui se met avec elle!

Et sans autre préambule, du propre ton de l'ogre objurguant le petit Poucet :

— C'est donc vous, la vieille, qui trainez des chaînes la nuit et qui vous déguisez en revenant pour empêcher les biens de se vendre?

Vous vous souvenez du premier accueil que m'avait fait Méto quand j'avais ouvert étourdiment la porte de sa cuisine, et avec quelle rudesse elle m'avait demandé si j'étais l'achetoux. Combien elle était changée! Sans tenir aucun compte des paroles de mon frère et d'une toute petite voix bien humble, elle risqua cette question :

— C'est-il vous qu'est not'maître, si on peut l'demander? ça m'plairait bravement d'être vot servante.

— Oui, c'est moi, la mère, répondit ce terrible achetoux, mais répondez à ma question, d'abord, et répondez droit!

Méto cessa de filer et mit sa main en cornet autour de son oreille.

— Qu'est-ce qu'ous dites, notre monsieur? fit-elle.

— Je dis.... s'écria mon frère en forçant sa voix.

Mais Méto l'interrompit pour prononcer la fameuse phrase bretonne :

« *N'antan ket!* »

Et si doucement! Il fallait qu'elle comptât bien sur ma complicité pour jouer cette effrontée comédie. J'avoue que j'avais des remords.

— Est-ce qu'elle ne sait pas le français? demanda mon frère à Bodin, qui arrivait après avoir fermé la porte d'entrée.

Il me rendait justice en ne s'adressant pas à moi. Yaume hésita, puis il répondit :

— Sia, sia, un petit peu, tout de même, not' maître.... Bonsoir à vous et vot' gardien, ma Méto, allez-vous comme vous voulez?

— Bonsoir, mon Yaume, et chez vous? Je n'vas point pire.

— Mais elle vous répond! fit mon frère : elle se moque donc de moi!

— Je vas vous dire : not' Méto n'entend point, censé, par les ourais (oreilles), et devine comme ça les sentences de ceux qui devisent avec elle sur leu' bec parlant.

— Elle est sourde?

— Vère vraiment.... qu'elle a toujours dit de même.

— Elle est sourde? répéta mon frère en s'adressant enfin à moi? est-ce la vérité?

— Oui, achetoux, lui répondis-je, comme un canon !

— Tu mens ! je parie que tu mens !... en tous cas, bonne femme, sourde ou non, regardez mon bec, puisque vous savez lire sur les becs, et voyez ce que mon bec vous dit : je n'ai pas besoin de vous chez moi, et demain, vous ferez vos paquets !

— Viendrez chez nous, ma Mêlo, dit Yaume, qui s'éloigna de mon frère; y a place pour vous sûrement, à not' *fouée* (foyer).

Mêlo branla sa tête et répliqua :

— Nona, nona, mon Yaume, et-non-fait, et nenni-dà, brin, brin ! merci ! je vous dis, mais n'y a point besoin d'aller chez vous. J'en ons vu ben d'autres ! J'étions *ilê* (ici) avant c't'homme-là, et je n'en voulons point sortir. Aidez-moi à m'*chômer* tout debout.

Je n'ai pas besoin de dire à ceux qui savent le latin d'où vient ce mot *ilà*, qu'on écrivait *illec* dans notre vieille France. *Chômer* veut dire lever, mais un peu plus : on chôme une croix quand on l'érige. Yaume Bodin obéit; il était pâle et un peu tremblant. Il dit tout bas en passant près de mon frère :

— Vous êtes un grand menoux, not'bourgeois, mais de l'affronter, vous avez tort. Ça lui serait aussi commode de vous jeter une *fainance* (un sort) que de vous guérir bien guéri, si vous êtes malade.

— Alors, elle est sorcière, par-dessus le marché! s'écria mon frère qui soutenait de son mieux son rôle d'homme en colère, mais qui commençait évidemment à réfléchir.

— Tu n'as pas honte! lui dis-je à l'oreille : au prix où sont les vieux meubles!

— Tais-toi, fit-il, tu n'entends rien aux paysans. Autant vaudrait avoir une douzaine de couleuvres dans son lit qu'une pareille peste dans la maison!

Yaume Bodin avait pris les deux mains de Mélo et hâlait dessus pour la relever. Il paraît que c'était difficile, car il tirait dur et disait avec bonté, toujours comme on parle aux bêtes :

— Dia d'çà! hâ-â! haïte! aidez-vous un p'tit, ma Mélo! haïdur! ça va y venir!

Ses efforts furent couronnés de succès, et je vais essayer de vous montrer quelque chose de vraiment extraordinaire, ou du moins qui nous parut tel à Edmond et à moi. Tout en peinant comme si sa commère eût été de plomb, Yaume Bodin essayait de la calmer et d'intercéder en faveur de mon frère pour qu'elle ne lui jetât point une trop grosse *faînance*. Ainsi entre les dia d'çà et les hâ-à, nous l'entendions qui chuchotait :

— Point méchant qu'il est, ma Mêto, et brave menoux à mener! C'est le bancal qui boite et la Fanchune qui y ont dit-médit du grand mal de vous pendant qu'on dôtelait dans l'aire, et que jamais il n'pourrait dormir à cause que vous aviez promis menace d'aller toutes les nuits du grenier à la cave traîner la chaîne du puits et huer la mort dans les escaliers.... haite! ça y est tout d'même, vous v'la à vos souhaits.

Sur ce dernier mot, au-dessus du grand chapeau du papa Bodin, qu'il avait remis pour avoir les deux mains libres, nous vîmes paraître le capot de Mêto encadrant sa figure grosse comme le poing, où brillait cette paire d'yeux que vous savez.

La même pensée nous vint à tous les deux : nous nous demandâmes sur quel meuble elle était montée. Mais Yaume s'étant rangé de côté, nous vîmes qu'elle était tout simplement *chômée*, c'est-à-dire debout, sans rien sous ses pieds. Son capot à pèlerine couvrait à peine le quart de

7

cette taille extraordinaire ; le reste s'allongeait, mince, et n'en finissant plus, sous une jupe de futaine noire, usée jusqu'à montrer presque partout le fil bis qui en formait la trame.

Je fus d'autant plus étonné, que jusque-là je l'avais jugée très-petite.

— Voilà un vilain produit, par exemple ! grommela mon frère, qui ne put s'empêcher de rire en l'examinant curieusement.

Il y avait du vrai là-dedans, mais ce n'était pas entièrement vrai. La figure de Méto Lecouïn était fantastique plutôt que laide. J'ai rarement vu un regard plus intelligent que le sien, ni qui sût mieux passer de la supplication à la menace. La peau de ses joues était terriblement tannée, mais sa bouche, qui n'était plus qu'une large fente perdue dans un lacis de rides, avait, quand elle voulait, un sourire si espiègle et si bon enfant ! Assise, elle portait son menton presque dans son giron ; debout et dressée comme elle était maintenant, elle balançait, tout en haut d'un long cou, sa tête qui *dodait* (hochait) avec la régularité lente d'un balancier de pendule.

Je répondis à mon frère :

— Moi, si j'avais où la mettre, je l'emporterais à Paris, d'autant que, quand elle est pelotonnée, elle ne tient vraiment pas beaucoup de place.

Manifestement, Yaume s'était rangé pour nous la bien montrer et jouir de notre surprise.

— A été damouaizelle d'compagnie, faite comme ça ! déclara-t-il solennellement, et y en avait qui y disaient mon cœur, un temps qui fut !

Puis il ajouta d'un ton caressant :

— Pas vrai qu'elle est haute, not'monsieur, dessus ses pattes ? et qu'elle est bossée de son dos et crossée de ses reins, sans quoi qu'a serait encore ben plus haute... Voulez-vous leux montrer vot'dos, ma Mêlo, pour qu'ils le r'gardent ?

Elle se tourna obligeamment, et nous reconnûmes en effet que, malgré la longueur de son cou, il y avait une belle bosse, bien pointue, entre ses deux épaules étroites. Yaume continuait comme un charlatan qui détaille son « phénomène vivant. »

— Avec ça qu'a n'mord point, et bonne chrétienne, sûrement, et que ceux qui content qu'a va à califolichon sur un brin d'châtaignier, la nuit, au sabbat des huants, c'est des fausses menteries. Nona, nona, n'est point sorcière, mais dame ! voit le dedans du monde par ses yeux, voulez-vous la vérité ? l'est « médecine » de la connaissance qu'elle a !

Il se peut bien que Mêlo, dans son premier mouvement de révolte, eût eu l'idée d'imposer à mon frère en montant sur ses grands chevaux, et telle était probablement son intention quand elle avait demandé à Yaume de la chômer, mais elle était trop fine pour persévérer dans cette intention. Son regard de basilic n'avait pas quitté l'acheteux depuis qu'il avait passé le seuil de la cuisine. Elle l'avait vu en dedans, comme disait Yaume, et mieux que n'eût pu le faire le plus retors de nos diplomates parisiens.

— Donnez l'écumoire, mon Yaume, dit-elle, je n'vous commande point, et donnez itout l'plat d'faïence bleue qu'a des fleurs de lis dedans... Si j'ai clamé disant que je ne m'en irais point d'ilé, c'est qu'à mon âge que j'ai, c'n'est point la peine de jeter les vieilles gens hors la porte par les chemins. S'en vont tout seuls, mon Yaume, à la volonté du bon Dieu Seigneur, et ne tardent point.

Ceci fut dit avec une douceur si digne que j'en eus de l'émotion jusqu'au fond du cœur : une émotion d'art et de théâtre, c'est vrai, car je savais très-bien que Méto jouait la comédie. Mais quelle comédienne ! sa tête encapuchonnée battait, en dodant avec gravité, la mesure de sa parole rhythmée comme une poésie. Mon frère jura entre cuir et chair, et murmura :

— Ah ! la gredine ! en sait-elle long !

— Celles qui se gardent fidèles, attachées aux anciens maîtres, poursuivit Méto en s'adressant à lui, mais non pas directement, car, pour la première fois, ses yeux se baissèrent, faut-il les finir à coups de fourche, comme les chiens qui tournent ragés ou galeux de vieillesse? c'est-i! justice? vère de vrai, j'n'ai point repentance du bon cœur qu'est dans moi. Failli blaireau ! (c'n'est point vous), j'ons servi les autres cinquante ans et plus, c'est sûr. J'vous dirons quand vous l'voudrez pourquoi j'ons manié-harpaillé la chaîne du puits, et toqué les sabots, et coigné les mailloches, et mis les draps de bonne toile à pendre par-dessus ma tête jusqu'à mes talons... ah! dame, ça me faisait sembler haute comme une tour de clocher, pas moins...

— Pas moins! fit Yaume : tout comme! allez, causez, ma Méto!

Elle souriait à moitié comme les enfants, qui ont parfois de l'orgueil en accusant leurs péchés, mais sa voix se raffermit tout d'un coup et elle ajouta en relevant les yeux pour regarder mon frère en face :

— Y a des petits qui restent après ceux qui sont morts! Y a Dieu not'Père, qui nous veille dans le ciel, et de garder souvenance aux maîtres défunts, ce n'est point faute : ça dit au maître venant et vivant qu'il sera bravement servi, s'il est brave maître.

— C'est bon, c'est bon, fit mon frère, en voilà bien assez comme ça pour une fois !

— Tu as ton compte, murmurai-je, je savais bien que tu n'étais pas de force !

Ma parole, il avait les yeux mouillés, et ce fut par mauvaise honte qu'il répéta :

— Ah ! la coquine ! quelle lame !

Yaume n'avait pas encore deviné à quel point la victoire de sa commère était complète. Il apportait justement le plat de faïence à fleurs de lis et l'écumoire monumentale en cuivre rouge, emmanchée de fer. Mêto prit l'un et l'autre et marcha vers le chaudron, disant :

— Découvrez la marmite, sans vous commander, mon Yaume, si vous voulez.

Celui-ci ayant obéi, un nuage de vapeur sortit du chaudron, quoique le foyer parût complétement éteint ; et je dois dire que cette vapeur m'alla jusqu'à l'âme, tant elle sentait bon !

Mêto retira du chaudron d'abord une poule de belle prestance, ensuite un joli morceau de lard, et puis encore une litière de légumes, oignons, pommes de terre, carottes et navets. Ayant dressé le tout proprement, elle dit :

— Portez ça, si c'est un effet de vot'aimabilité,

mon Yaume; la touaille (nappe) est mise dans la salle de noblesse, depuis le tantôt que j'attends.

— Si c'est pour moi, fit observer mon frère, et je l'aurais volontiers battu, je vous remercie, ma bonne, mais j'ai promis à Bodin de prendre la trempée chez lui, ce soir.

— Ça ne se doit point, répartit Mélo doucement, mais avec fermeté, et ça ne sera point.

Bodin, qui était déjà en route, portant le plat à deux mains, s'arrêta près de mon frère et murmura :

— J'vas vous dire, si j'serions que de vous, j'ferions à son idée. Ne faut point l'hérisser. La marmitée mijote de d'puis midi et c'qu'est dedans flaire meilleur que vous n'auriez chez nous, de moitié, malgré l'honneur d'vous avoir que j'regrette, not'monsieur.

Mélo, qui avait été chercher une vaste soupière au ventre de laquelle on voyait des armoiries supportées par deux anges volants, ajouta :

— Vous avez acheté tout ici, murs et ménage, et moi avec dedans. Ce que vous allez manger est à vous, vous allez l'manger dans d'la vaisselle à vous, sur une table qu'est vot'bien et une touaille qu'est vot'trétoile, servi par moi, pauv'-vieux corps qu'est vendu-acheté avec le restant, mon maître !

Et elle s'inclina majestueusement. Je vous déclare que c'était superbe. Mon frère essaya de ricaner, mais, au fond, il était propriétaire, et Méto le tenait.

Elle versa le bouillon dans la soupière sur le pain, coupé d'avance, et prit à son tour le chemin de la salle de noblesse, qui n'était séparée de la cuisine que par le vestibule où prenait base l'escalier dont la rampe, si on l'eût débitée, aurait fourni au moins deux charrettes de bois à brûler. Dans la salle, sur la table carrée et massive, portée par quatre pieds grêles, il y avait, outre le plat, un jambon fumé, une *moche* de beurre frais, deux pichés de cidre, deux bouteilles de vin et une bouteille d'eau-de-vie.

Par décence, je cachais mon ravissement, mais le vrai, c'est que j'étais tenté de prendre tout cela pour une féerie. Un souper pareil! dans la propre paroisse où fleurissait l'hospitalité Le Hervageur! et à trois quarts de lieue du chemin-défilé-rivière où j'avais craint un instant de terminer ma vie misérablement!. Mon frère, qui n'était pas encore tout à fait converti, me dit :

— Qu'est-ce qu'elle veut donc extirper de moi, la vieille fée ?

Je lui tournai le dos avec indignation et j'allai

m'asseoir à table. Cela me rapprocha de Mèlo qui posait la soupière.

— Eh bien! lui dis-je par derrière, où donc est Château?

Elle fit volte-face brusquement et planta son regard dans mes yeux de façon à m'abaisser les paupières.

— Il est où il doit, me répondit-elle sèchement; Châtiau est Châtiau!

— Mon frère, repris-je, l'aurait bien fait souper avec nous.

Elle eut son bizarre sourire et prononça tout bas:

— Y a manger pour vivre et manger pour se gaudir. L'enfant peut vider son écuellée de soupe partout, même ici, mais il ne peut point s'asseoir à table avec vous autres. Ça n'se doit.

— Ah çà! m'écriai-je, vous ne nous aimez pas, décidément!

— Sia, sia, fit-elle, ça commence un brin.

— Vous nous regardez comme des intrus?

— Comment que vous dites?...

Puis se reprenant:

— Est-ce des voloux qu'ous voulez dire?

— A peu près.

— Nona, de ma vraie foi, je n'vous regarde

point des voleux, puisqu'ous avez payé le domaine en argioin posé-compté.

— Alors, c'est que le gars est trop grand seigneur pour nous ?

Elle répondit après avoir réfléchi une seconde :

— P't'être ben tout de même. Que c'est-il que ça vous fait ?

— Ami Bodin, dit en ce moment mon frère, puisque je ne soupe pas chez vous, vous allez souper chez moi.

Je crois que le bonhomme aurait bien mieux aimé manger à la cuisine avec sa commère. Il prit la mine de quelqu'un qui va refuser, mais Méto dit :

— Ça se peut, et ne serait pas la première fois. Ceux du temps passé étaient *aussi* de la bonne gent.

Elle souligna cet *aussi* en faisant à mon frère une manière de révérence.

— Vous, la mère, dit-il, vous avez l'air d'avoir été marquise avant la révolution. Voulez-vous en être ? allez chercher deux chaises.

— Pour quant à ça, fit Yaume à son tour, ça ne serait point non plus la première fois, pas vrai, ma Méto ?

Mélo eut l'accent d'une reine tombée pour répondre :

— J'ai oublié ce que j'étais et je sais ce que je suis, merci !

Et il ne fut plus question de cela. Mon frère s'assit entre Bodin et moi. On a fait boiser, depuis lors, la salle de noblesse où nous dînions et qui ressemblait en laid à une grange. Les murailles suaient du salpêtre et le plafond avait des trous où passer un homme. Une seule chose était en bon état, c'était la cheminée où pétillait un feu de fagots qui ne semblait pas de trop, malgré la saison. Cette cheminée, plus vaste encore que celle de la cuisine, avait une porte à deux battants qu'on ouvrait pour laisser voir le feu, et renfermait six vieux fauteuils en tapisserie, trois de chaque côté. Au-dessus de la tablette haute, mais si étroite qu'on n'aurait pu y poser un flambeau, un fusil et une canardière, tous deux de fort ancienne fabrication, étaient pendus. Puisque j'ai parlé flambeau, j'ajouterai que nous étions éclairés par deux grosses bougies de cire jaune qui répandaient en brûlant une odeur de ruche.

La soupe était bonne, c'est trop peu dire, elle était exquise, la poule aussi, et le lard, donc ! le jambon eut un sincère succès. Le cidre parut

un peu dur, comme toujours en septembre, mais
le vin était du vrai médoc d'honorable qualité.
Ils vivent bien dans ces coins de la Bretagne, et
qui sait? dans cette salle à manger désemparée,
ils avaient peut-être trop bien vécu...

Ils qui? ceux dont Méto me devait l'histoire,
et dont était sans doute le *Dormi-qui-va :* les
ancêtres de Châtiau et de ma belle petite Rosane.

Nous avions copieusement fait honneur à la
cuisine de Méto, mon frère et moi, malgré le
mauvais exemple que nous donnait papa Bodin,
gêné dans ses entournures, et sobre, ce soir,
jusqu'à l'austérité. Ce n'est pas qu'il fût plus
exempt que ses compatriotes, en général, de
« tremper son pouce » tard et matin, mais à
table les paysans bretons n'ont pas soif. Ils ne
sont chez eux qu'au cabaret.

Bodin se tenait à sa place droit et raide et ne
parlait guère que pour mêler Méto à la conversation. On voyait qu'il avait besoin de la flatter
et de la mettre en lumière. Du reste, elle pouvait
se passer de lui. C'était vraiment une très-éton
nante créature, et sous l'usure de son « pouille-
ment » de futaine, à travers son patois plus
foncé souvent que celui de Guite ou de Guelonne,
on découvrait en elle, — loin, bien loin, — la

femme qui avait pu et su parler tout autrement. Elle avait des roueries de dame.

Au dessert, la glace était archirompue. Il ne restait à table qu'un seul visage sérieux, celui de Bodin. Mon frère qui adore les choses de la campagne feuilletait Mêto comme un livre de haut goût, écrit spécialement pour lui en pur paysan. Quand il se leva de table pour aller s'asseoir sous le manteau de la cheminée, vraie place du maître, il tutoyait Mêto, à la fois respectueuse et familière dans une mesure si parfaite qu'il faut renoncer à la préciser. Le tutoiement est de strict usage à Saint-Juhel avec les serviteurs qu'on aime et qu'on honore.

Mêto Lecouin m'émerveillait, je ne peux pas dire autrement. Il m'arrivait parfois de suivre les mouvements étranges, mais non pas disgracieux, de ce vieux corps aux proportions impossibles. C'était la tête d'un gnome, piquée comme un épi au bout d'une gigantesque paille, deux fois rompue. « *Bossée* du dos, *crossée* des reins, » avait dit en toute vérité son compère Yaume. Elle allait et venait sans faire de bruit, sur ses grands pieds, chaussés de sabots où il y avait du foin pour remplacer les bas absents. Était-elle très-pauvre? Elle m'avait avoué qu'elle aimait l'argiein; il y avait des moments où je lui supposais des trésors cachés.

Pendant qu'elle était à la cuisine pour chercher le café et que j'allumais mon cigare à une braise du foyer, j'entendis mon frère qui disait à Bodin :

— Elle est bien trop fine pour nous conter cela !

— N'y a point d'aiguille si fine qu'elle, répondit Yaume ; mais vous ne la connaissez point : a'conte c'qu'a veut, comme a'veut. Ne ment jamais du grand jamais, pour n'être mie obligée d'le r'dire à confesse, mais c'est tout d'même, on n'voit dans c'qu'a dit que c'qu'a'veut.

— Allons, Yaume, avouez la vérité, dit mon frère, vous avez parlé avec elle « pour le motif » autrefois, dans votre jeune temps à tous deux ?

— De vrai, répondit Yaume tout franchement, si c'est qu'elle aurait voulu, a serait la Bodin, à c't'heure, et moi ben aise.

— Elle ne voulut pas ?
— Nona.
— Pourquoi ?
— Je ne sais point.
— Vous étiez rudement beau gars, vous, Yaume, pourtant ?
— Assez. On l'disait de même.

— Et elle était laide ?

— Approchant comme alle est par à présent, un brin de plus.

— Et vous vouliez l'épouser ?

— Vère vraiment, je l'youlions, et dur !

— Elle était donc bien riche ?

J'attendais cette question avec une véritable impatience et j'ouvrais l'oreille avidemment pour en saisir au vol la réponse, quand Mèto reparut portant une assiette où fumaient trois énormes tasses de café tout versé.

— Ma Mèto, dit aussitôt Yaume avec sa chevaleresque galanterie, not'monsieur croit comme ça que vous n'oserez point lui conter la manigance des revenants qui tirirent les pieds des marchands de toile et des fileux de fil.

Sans se faire prier autrement, Mèto répondit :

— Si not'monsieur était pour m'écouter tranquille et ne point s'colérer du tout d'avec moi, j'dirais.

— Au contraire ! s'écria mon frère, je donnerais quarante sous pour savoir l'histoire !

Mèto déposa les tasses précipitamment, essuya sa main le long de sa jupe et la tendit en riant à Edmond :

— Donnez, dit-elle, puisqu'ous promettez.

— Ah! dame! fit Bodin avec une aspiration double : h'aime bravement l'argicin!

Mon frère fut étonné, comme je l'avais été naguère, tant on s'accoutumait vite à ne point ranger cette singulière créature dans la classe de ceux à qui on peut offrir la pièce. Elle vit cette impression et répéta en baissant la voix ce qu'elle m'avait dit à moi-même en pareille occasion :

— Je n'bois, ni n'fume, ni n'chique, ni n'betune, mais c'est tout de même, j'donnerais tout, excepté l'espoir de ma bonne mort, pour avoir de l'*argicin* tout plein.... Et saurions c' qu'en faire !

La pièce de deux francs tomba dans sa main qui se referma par un mouvement nerveux, et elle commença tout de suite en servant le café :

— Y a donc que j'ne veuliomme point que la noblesse tomberait dans les pocres (mains) des marchands d'toile, et fileux, rapport à ce que c'est, tous tant qu'ils sont, des herpions d'escorpions, fausses langues et judas, pires que les notaires ! « Toileux, galeux, » ça se dit, « fileux, « filous. » La bonne dame était morte, y avait déjà deux ans, le repos éternel donnez-lui, Jésus, qu'elle a si tant bien mérité par martyre souffrir sans se plaindre ! Not'Monsié-vicomte était mort, y avait un an, du chagrin qui le couvait de toujours pauvrir, et de boire, et de boire, le pauv'corps, obligé qu'il y était, pour oublier ses grosses peines. Il se relevait de dormir la nuit, pour sécher ses deux pintes en une gorgée. C'était sa place au feu là où vous êtes, bourgeois.... vous ne trouvez point l'caflau (café) d'à vot'goût; ça en aurait l'air?

— Va toujours, dit mon frère.

— Et la bonne dame, poursuivit Méto, siétait (s'asséyait) où je vas me mettre pour causer plus d'à mon aise avec vous, sans quitter l'respect. La grand'maman se mettait là où qu'est mon Yaume Bodin, grainant son chapelet tréjoux et tourjoux et demandant des nouvelles de ceux qui étaient au cimetière depuis avant le temps, car de mémoire, n'en avait plus que pour chérir les deux petits. Ah! dame! elle se souvenait assez pour les aimer du restant de son cœur....

A cet endroit, elle s'assit juste en face de mon frère et releva, d'un geste inconscient, son capot, qui laissa voir son front où moutonnaient des cheveux encore épais et blancs comme la neige.

Vous allez peut-être sourire, si je vous dis qu'Edmond et moi nous étions émus profondément. Pourquoi? Méto ne parlait pas avec tristesse, et les vieilles rides de sa bouche étaient de bonne humeur.

Je ne sais comment vous expliquer cela. Bodin, droit comme un i et immobile, fermait les yeux à demi, faisant ce qu'il pouvait pour s'empêcher de pleurer. Les paysans ne pleurent guère. Il y avait chez cette Méto, créature dont je n'ai pas rencontré la pareille en toute ma vie, quelque chose de si âpre et de si pénétrant, de si doux aussi parfois, qu'on restait sans défense contre les sensibilités exquises et imprévues de son rude langage.

Et je ne veux pas dire que ces délicatesses fussent dans son langage même, puisque vous ne les y retrouvez plus. Elles étaient en elle.

— Hein? fit mon frère qui me regarda : est-elle dessinée, cette grand'maman-là « qui avait tout « oublié, mais qui se souvenait assez pour chérir « les petiots! »

Méto était si innocente de sa propre éloquence qu'elle ne comprit point et crut devoir s'excuser disant :

— A l'âge qu'elle avait, on peut bien battre la berloque, soyez juste. Elle s'en allait descendant à ses quatre-vingt-douze ans. Voilà qui est bon. N'y avait plus qu'elle de tretous qu'ils étaient, avec les deux enfants et moi, et mon Yaume qui venait encore, des fois, le soir, car il n'a jamais abandonné ses maîtres.... Alors je voulus donc regarder dans les affaires et j'y vis un grand trou qui n'avait pas d'fond. Je sais lire et je sais écrire : ça ne m'a pas servi de grand, mais au moins je pus feuilleter les registres de la toilerie. Au commencement, les registres étaient plus biaux que des livres de messe, oui : je parle du temps où les magasins d'écru et de blanchi étaient au château de Coatmeur en Saint-Caradoc, avec des commis et des messieurs pour gratter le papier, mais à mesure que ça allait, y avait dans les pages plus de graisse de rôti et de larmes de pipe que d'encre, jusqu'à ce qu'en fin finale not'Monsié-vicomte marquait les ventes avec des croix, sans dire à qui ni quoi, sauf quand il achetait des charretées de pommes pour faire le cidre, dont toujours mention faisait, et aussi les remembrances de mémoire pour les petits et ce qui leux arrivait. Quant à ça, jamais il n'y a fauté, disant : « Ce jourd'hui, le 7me de mars, not'Guy « joli a touché les dix ans de son âge, » ou bien « à c'matin du 8me de mai, not'Rosane s'est mise « tout de blanc blanchement pour la procession « de sa première communion à Saint-Juhel, la « paroisse, » et d'autres pareillement : mais ça n'aidait point pour savoir qui nous devait, ni à qui nous devions. Et tous les jours que Dieu nous prêtait, on recevait les lettres des toileux de Quintin, de Lamballe et de Saint-Brieuc, qui criaient : « Payez-nous ci, payez-nous ça, » qu'il aurait fallu les trésors du fond de la mer pour en contenter tant seulement la moitié de la moitié qui n'est que le quart ! Et dans le toilier, n'y avait plus de toile.

Un soir, mon Yaume que v'là entrit que les deux innocents jouaient à la tape chaude, et que la grand'maman dormait, moi filant à mon rouet. Il me dit : « Vous n'savez pas, ma Méto, y a « d'loignon. » (Pour signifier du deuil, à cause que l'oignon fait pleurer quand on l'coupe.) — « Qué deuil, mon Bodin ? » que je demandis. Il me refit : « J'arrive de la foire à Quintin. La maison de noblesse va être criée en vente qu'on assure, et tout au bas de son prix. »

La grand'maman s'éveillit du fait qu'elle avait senti quelqu'un et dit :

— Si nos voisins viennent danser anuit, faut le violon avoir pour divertir les jeunesses.

Y avait des jours et des jours qu'elle n'avait point sonné mot. Les petits se mirent à la ca_resser à qui mieux mieux, — et se rendormit.

Nous deux mon Yaume, nous ne parlions point, parce qu'à rien ne servait de dire. Et je poussai mon rouet pour mettre mes deux mains en croix, car de faire ne servait plus à rien de même. Je pensais au fond de moi : « Donnez-nous ce qu'il faut de bon couraige pour ne point murmurer ni maudire, Jésus-Christ, Sauveur! Amen.... »

Méto Lecouïn fit une pause, parce que deux larmes coulaient le long de ses joues. Elle les essuya d'un geste plein de vigoureuse résignation et nous regarda droit en ajoutant :

— Pour mourir, faut souffrir, mes chères gens.

Yaume plaignait tout bas, comme les enfants qui sont las de pleurer.

Et je me disais en moi-même : « Qui étaient donc ces maîtres d'ici qui sont tous morts et qu'on aimait tant? »

Mon Dieu! vous pourrez voir, il sera parlé d'eux. Lafontaine n'était pas de Bretagne, lui qui écrivit le premier : « Notre ennemi, c'est notre maître. » Les choses vont : l'évangile nouveau se propage, semant la haine en parlant de fraternité. Le temps arrive où le mot du *bon* Lafontaine va être vrai en Bretagne comme ailleurs.

Et en vérité, pour amener ce résultat, les maîtres oubliant ce qui était bon dans le vieux temps, apprenant ce qui est mauvais dans le temps neuf, poussent à la roue du mieux qu'ils peuvent.

— Le lendemain, reprit Méto, et déjà le rayon de la goguenardise s'était rallumé dans ses yeux, on vit arriver M. Hervagioux et sa ménagère. Elle est grande, celle-là, mais moi plus grande, quand j'me tiens droit, et j'nai point peur d'elle. Le notaire qu'a perdu ses jambes en chemin l'avait amenée pour faire le méchant à sa place. Je les jetis dehors, bien jetés, ah! pour ça, oui!

— Failli gars! s'écria Bodin, je ne dis point ça de vous, bourgeois; si ce n'est qu'ils sortirent par la porte tous les deux, ma commère les aurait aussi ben mis à s'en aller par la croisée! n'faut point l'affronter!

— Ce que j'avais envie, continua Méto, c'était de faire durer le temps pour que la grand'maman rendrait son âme au Créateur sans rien savoir du deuil qui pendait. Pour ça, ne fallait point qu'on vende la noblesse avant sa tranquille mort. Je n'avais point de quoi graisser un homme de loi, car rien ne me restait que mes yeux pour pleurer. Je pris donc une poignée de mon courage pour aller à Monsié Prévôt qui sait tout et l'reste, lui disant : « Ça ne se peut que la maman de la bonne dame, qu'a touché, le temps qui fut, la rente de vingt-deux lieues de pays (on dit ça) et qu'avait le banc des marquis à la paroisse de Plocuc, où qu'on clignait des yeux pour la regarder dans sa reluisance, par les rubis qu'elle avait tout par entour d'elle, et l'or et l'argent et la mousseline, ça ne se peut qu'on lui donne le revers d'un fossé pour y souffler son dernier soupir. » Monsié Prévôt repartit à ça : « Pour vrai, c'est vrai, ça ne se peut. »

— Qu'est-ce que M. Prévot? demanda Edmond.

— Le petit curé de Saint-Juhel, répondit Yaume, qu'est un astrologue aussi, pour autant et plus que Monsié Hervagioux, jamais n'y a besoin de mentir.

La hiérarchie d'une paroisse bretonne est ainsi échelonnée : Ce que nous appelons Curé à Paris se dit Recteur. Le Curé est le Vicaire, et, s'il y a un second Vicaire, ce qui se voit assez rarement à la campagne, on le nomme le petit Curé. M. Prévôt était donc le second Vicaire de Saint-Juhel, ce qui n'est pas tout à fait une prélature. Quant au mot astrologue, il exprime le comble du savoir-faire. Méto continua :

— Astrologue et philosophe et tout, même avocat! Et qui connaît les toileux! aussi les notaires! ah! drogues de misère et malheur!

— Vère! vère! dit Yaume, Monsié Prévôt connaît tout en tout, qu'il a sauvé ben du pauv'-

monde d'être maléficiés d'avec le papier d'écrit !

— Il fit durer tant que durer s'pouvait, reprit Mêto. Les toileux, les fileux et l'Hervagiouse rôdaient au rond d'ici comme des lous (loups), et ne savaient point entrer. Mais la grand'maman durait aussi, durait que c'était comme une chandrouille (chandelle) à bout d'sa mèche, qui flamme petit petit en tremblant avant que d's'avaler. Si bel et si bien qu'elle durait encore, ici même, sous le mantiau de la cheminée, le jour où ils vinrent à la fin *bourrer* le papier-affiche au coin de not'mur. Monsié Prévôt dit : « Je n'ai pu mieux faire, » et arrivèrent les toileux pour visiter le domaine. C'était leur droit. Et demandaient à coucher, comme ça s'fait par ilé quand on visite la terre. Et je leux donnais le couvert dans la chambre d'à haut pour n'avoir point de débit (bruit) à réveiller la grand'maman de son ignorance. Ça se fait aussi que les achetoux vont coucher chez leux notaires, mais Hervagiouse n'en voulait point aucun, disant qu'elle avait juste *échampi* sa domestique à c'te matinée, comme elle vous a dit mêmement, la pleine de péché ! Par alors je *sourdis* (j'allai en cachette) encore une fois chez Monsié Prévôt, savoir si on serait fautif, de mortel ou véniel péché, en mettant qué'q'chose dans la trempée des toileux....

si ça n'avait été que véniel, ah! maman, qué fricaille !

Pour le coup, mon frère fit la grimace et mit son café sur le coin de la table.

— Brin, brin ! murmura Yaume, vous pouvez ben finir vot'tassée, tranquille; n'y a rien d'dans que du marc.

Et il entonna crânement le fond de la sienne.

— Monsié Prévôt, poursuivit Méto Lecouin le plus naturellement du monde, me dit que ce ne serait point bien de faire ça, je n'le fis donc point; mais il me dit aussi que n'y aurait qu'véniel à leux mouiller leux paillasses ou à leux secouer du *pé-qui-gratte* (poil à gratter) dans leux draps de lit.... Et c'est là-dessus que l'idée me fleurit de leux montrer des visions pour pas qu'ils achètent une noblesse hantée et possédée où qu'il reviendrait des déterrés, au long des nuitées....

J'arrête ici la confession de Méto pour vous dire qu'il m'en était venu, une vision. A ce nom de Prévôt, j'avais revu tout à coup dans mes souvenirs d'écolier un gamin de jolie figure, tout rond, tout rose et tout bouclé, qui faisait une consommation immodérée de poil à gratter et autres « bonnes farces » au collége de Rennes où nous étions, lui et moi, condisciples. Ce gamin-

là s'appelait justement Prévôt, Louisie Prévôt....
Mais il y a presque autant de Prévôt que de
Martin en ce bas monde ! Méto continuait :

— Étant donc venu un parpaillon de toileux
qu'avait la piau si dure que le pé-qui-gratte dé-
faudait de l'gratter, l'idée m'poussit de tarer
très pertuis dans une petite jeune citrouille et
d'la vider pour y bouter une chandelle allumée
dedans que ça ressemblait à la tête d'un serpent
dragon qu'aurait *esparclé* du feu-et-flamme par
ses yeux et par son bec, et je m'en coiffis, et
je réveillis le toileux à mènuit pour lui montrer
c'te bête-là au pied de son lit.

— Et que fit-il? demanda mon frère, voyant
que Méto s'arrêtait.

Elle lui adressa un bon sourire et répondit :

— Il ne fit point rien, sinon que de *s'éruer* hors
des draps par terre, plaignant et gigottant, tombé
qu'il était du haut-mal caduc en raideur.... et
n'acheta point not'maison de noblesse.

VI

Ce patois a un nom, il s'appelle le *gallo* (gaulois), par opposition au *vrezonnec* (breton) de la Basse-Bretagne. Je suis obligé de l'adoucir beaucoup pour le rendre intelligible. Outre le vieux français qui en fait la base, il contient de l'anglais en quantité assez notable, comme « esparcler » (*to sparkle*) pour étinceler ; « darer » pour oser ; « baiter » (*to bait*) pour amorcer ; « un petit » (*a little*) pour un peu ; il est plein de latin et présente même quelques mots gaëliques. Si j'osais vous le parler dans sa vénérable et originale pureté, vous seriez capable de le mettre à la mode, comme y fut un instant la langue surfaite des félibres qui est loin de le valoir.

Mais je n'ose pas. Et pourtant, il a ses poëtes,

car pendant le silence qui suivit l'inhumaine déclaration de Méto Lecouïn nous entendîmes la voix de la Fanchune qui chantait sur un air triste à fendre le cœur :

> J'étiomm' très camaraides
> Tout autant bell' que mâ,
> Et quand j'venions ad'sû
> Veiller d'où qu'on s'berlade,
> J'aviomm' assurément
> Chaq' not' pair' de plorants.
>
> Nes deux miens d'équipaige
> En ch'min s'drugeaient terjoux
> Si qu'ils sembiaient naroux,
> Sans qu'les chiens du villaige
> Ne l's ariont ben connus,
> L's ariont pas moins mordus[1].

Je ne sais pas ce que Fanchune attendait dehors en chantant cela, mais elle y mettait toutes les larmes de son pauvre diable de cœur.

Yaume, au contraire, ôta sa pipe de sa bouche pour mieux rire de l'histoire du toileux épileptique.

---

[1] 1ᵉʳ *couplet :* Nous étions trois camarades aussi belles que moi. Quand nous allions, le soir, danser à la veillée, etc.

2ᵉ *couplet :* Les deux miens en grande toilette se battaient toujours en chemin et avaient l'air si fiers, etc.

— Pour ça oui, qu'il gigottait, dit-il, avant de raidir. Ne faut point affronter ma Mêto! a' se r'venge! Tout autant qu'il en v'nait des achetoux, s'en r'tournaient à dire partout *o'-le-mont* et *o'-le-va'* (en montant et en descendant) que la noblesse était hantée-fréquentée de la cave au grenier par Gripi (Satan).

— Et M. Prévôt en était? demanda mon frère.

— Nona! n'avait donné d'permission que pour le *pé-qui-gratte!* Bourgeois, le jeu que vous auriez, c'est si a'voulait vous causer de ce qui avint au marchand d'fil retordu de là-bas, devers Saint-Guen, au pays bretonnant. Abattez d'la langue, ma Mêto, pour gaudir not'monsieur. C'est un menoux de mener, savez ben!

Mêto avait écouté d'un air modeste l'éloge qu'on faisait de ses vertus. Elle avait bien trop de finesse pour ne pas deviner que nous n'approuvions pas complétement sa façon de faire la guerre aux acheteurs, mais elle ressentait, d'un autre côté, trop d'orgueil de sa belle conduite pour la taire. C'était une véritable bataille qu'elle avait livrée et gagnée, elle toute seule, contre l'armée des achetoux : mauvaises gens, selon elle, et dont les fourberies, comme négociants en toiles, n'avaient pas peu contribué à la ruine de ses maîtres.

— Mon Yaume, dit-elle, si vous êtes content de moi pour que j'ai été cause que la grand'maman a eu son dernier moment heureux et tranquille, sans jamais savoir que la misère était dans la maison, vous avez fait, vous aussi, ce que vous avez pu, cher homme...

— Point rien qui peut me mener à la justice! s'écria Yaume avec vivacité. Pour ça, j'en lève la main! J'aimons ben la loi, mais j'avons hardi peur d'elle!

— Et avec ça, continua Mêto d'un ton plus caressant, vous m'avez promis de me r'valoir ma peine par la politesse que vous aurez de me mener au bourg avec les grands bœufs et la chairette neuve pour mon voyage du cimetière, à y aller, n'en point r'venir.

En d'autres pays, on aurait répondu à cette funèbre ouverture par quelque lieu commun tel que : « ne parlons pas de ça », ou « nous avons le temps d'y songer, » ou autres. Ici, non. La pensée de la mort n'est pas un trouble-fête pour les gens de la campagne bretonne. On parle de la mort, là-bas, autant et plus que de la pluie ou du beau temps. Yaume repartit :

— Je vas vous dire, ma Mêto, v's étiez ben blêmie à c't'automne. Si c'est que vous auriez eu la déchance de passer-trépasser pendant qu'on coupait l'blé-nâ, dame ! j' n'aurions point pu vous donner les grands bœufs ni la chairette neuve, à raison qu'j'en avions affaire ; mais, à l'hiver venant, quand j'n'en aurons point d'besoin, sûr qu'on vous remballera avec vot'boîte dedans, et dia d'çà ! haîte ! Les deux grands bœufs au limon (timon), les deux moyens par devant et encore la jumaine et sa pouliche, hâhâ ! et moi à mener, dur et droit ! puh ! puh ! ahi donc ! Et le monde darrère ! Y en aura des chopines d'étanchées à l'entour de vot'corps, bravement, c't'à matin-là ! Je promets ben, pour c'qu'est d'moi, d'en revenir chaud d'boire !

— Merci ! mon Yaume, dit Méto reconnaissante.

Puis, se tournant vers mon frère et moi, elle reprit :

— De fourrer d'la colique dans le manger des toileux, je n'l'ai point fait jamais, M. Prévôt n'voulait pas ; mais l'marchand d'fil retordu arrivit de Saint-Guen tout vantant, tout bastant-disant qu'il n'croyait point aux yeux de feu et au bec flambant de la bête de monstre qu'était donc ma citrouille, et il cantiquait qu'il emmènerait tous mes r'venants dans sa pochette avec son chollet d'mouchoir par-dessus. Et encore au lieu de ne coucher qu'une nuitée comme les autres, il restit très nuits, à cause qu'il marquait tous les champs et bouts d'champs, prés et bouts d'prés, l's uns après l's autres sur son papier d'écrit, par le long et par le large, autant comme si la terre aurait déjà été à lui... Et la grand'maman le sentait, l'entendait et disait : « Y a une méchante chose chez nous, je n'suis point tranquille. » Alors, je demandis à l'homme : « Combien de temps nous resterez-vous ? » A quoi qu'il me répondit d'insolence : « La cassine (masure) est à tout le monde, puisqu'on nous la doit et encore plus que son prix. Je n'm'en irai qu'à mon envie. » C'est bon. Je mis ça dans moi à rouir. Je ne veux point de mal à personne, dâ, mais tout tant de temps que j'quenouillais ma quenouillée, je me pourpensais de l'homme, et je fouillais à quoi faire pour le pousser dans son chemin à s'en aller plus tôt qu'il ne comptait ni voulait... A donc, la troisième nuit, je ne dormais point et la grand'maman s'étrémait (s'agitait en soufflant) sur son matelas, disant : « Çà sent l'toileux ! » Je sourdis de la chambre à la douce, et j'allis dehors où j'vis l'échelle du couvreux d'ardoises qu'avait juste travaillé dans la mériennée (après-midi). L'échelle était chômée contre le mur de la cour, approchant en face la fenêtre du marchand d'fil retordu. N'y avait point d'lune. Faisait noir, tout noir. Une idée me germit par à travers mon esprit et m'fit rire toute seule, sans méchanceté, v's allez voir!

Plus ne valait rien de la citrouille, puisque l'payen s'en égaussait. Elle avait servi d'assez. Je rentris dans la maison et j'allis à l'ormoire au linge. Y avait des draps encore, très paires de draps. J'les prins tous six. J'en mis un sur ma tête à me couvrir comme un linciau (linceul), et un autre mêmement qui me descendait ballant depuis le ventre jusque par terre, et à c'tuilà j'en attachis encore un autre avec des épilles (épingles). Les très autres, c'était pour habiller l'échelle de depuis son à-haut (elle était longue, dà!) jusqu'à son à-bas, que ça me fit peur et froid dans tout mon sang quand je la r'gardis. Mais c'est tout d'même, il me montait des poussées de rire à mon à part. Point de malice en moi.

Quand ça fut donc fait, j'me chômis sur le premier barriau de l'échelle par bas et je commencis à sequedailler la chaîne de not' puits avec deux paires de sabots au bout, et j'avions amené aussi la trompe avec quoi que j'coutumions de hûcher-corner nos pâtours aux champs, quand c'est que j'avions encore des pâtours à hûcher, avant l'malheur, et des champs. J'la sonnis de grand son, et dès que j'eus sonné assez, je r'tournis la trompe et j'mis mon bec dans l'gros bout pour appeler : « Jean Boué de Saint-Guen (le filou d'fileux avait c'nom-là, et il ne l'a plus), Jean Boué du bourg de Saint-Guen ! Jean Boué ! Jean Boué ! Jean Boué ! »

— Péché d'ma faute ! fit Yaume, qui frissonnait de tous ses membres ; de s'entendre huer comme ça !... ah ! nom de d'là !

Il n'acheva pas, mais ses dents claquèrent.

Et je vous affirme que ce dut être en effet un terrible réveil pour Jean Boué du bourg de Saint-Guen, car je n'ai jamais rien entendu de si lugubre que l'inflexion choisie par Mélo pour jouer ce bon tour sans malice. Elle avait pourtant toujours son air aimable, mais un rayon diabolique scintillait dans ses petits yeux de basilic.

— Coquine, dit mon frère, tu as sûrement un démon dans le corps !

— P 'n, brin, répondit-elle. J'allis à confesse par après, et j'fis la pénitence que Monsié Prévôt m'donnit. Auriez-vous souffert qu'un homme comme ça aurait mis la grand'maman à s'en aller de son vivant, avant sa pauv'mort, vous not'maître, si v's aviez été son valet ?

— Dame ! fit Edmond, pris de court.

Je lui sus gré fortement de son hésitation. Méto aurait voulu davantage, car elle dit :

— Vère vraiment que je ne vous veux point de deuil, mais s'il vous en tombe par la volonté d'à haut, ayez seulement à vous servir une gent d'attache comme moi de maiquié (moitié) !

— Je ne dis pas, fit encore mon frère, tu aimais bien tes maîtres, mais c'est égal. Bigre !

Méto reprit :

— On n'peut pas servir tout à la fois la brebis et l'leu (le loup), c'est dans le livr'd'évangile. Y'a donc que mon Jean Boué dormait dur, comme ceux de Saint-Guen qui n'ont point de conscience dans le ventre pour les tenir veillants, mais il finit tout de même par s'éruer de son somme, fallut bien, et je l'entendis qui ouvrait sa fenêtre pour voir dehors.

« Qui qu'y a ? qui qu'y a ? » qu'il demanda tout effâdré. Je crois bien qu'il n'était point encore bien réveillé. Je répondis : « Jean Boué, Jean Boué, Jean Boué ! » Et il me refit : « J'sais ben mon nom. Qu'é qu'tu lui veux, à Jean Boué, harpaille de chouan, je n't'vois point, noir qu'il fait. »

Il se trompait, ma chère ! Il m'voyait ben, mais il n'en voulait point croire ses yeux, tant qu'il me trouvait plus haute que ça ne se peut pour une créature en vie. Je r'secouis ma chaîne de puits et les sabots au bout, c'qui fit qu'il m'entr'aperçut mouvant et qu'il m'dit : « Ça, ça, de même, v'là que j'te vois ! et j'vas t'poivrer-saler !

Au moment de c't'alors-là, j'étais encore sur la première barre et ma tête, cachée par le drap, allait un p'tit plus haut que le *mitan* (milieu) de l'échelle. Il avait un pistoudret (pistolet) dans sa main et je l'entendis bien qui l'clanchait (l'armait) ; s'il avait tiré à c't'heure, il m'aurait salée, comme il l'disait, car je n'avais que la hauteur du barriau en plus de ma taille, mais j'commencis à monter à reculons, en laissant devaler l'drap qui couvrait toujours mes pieds, et j'clamis dans l'gros bout d'la trompe : « Jean Boué ! Jean Boué ! Jean Boué ! »

Noir qu'il faisait, je le voyais tout de même à la fenêtre et j'entendais aussi qu'il commençait à trémer (souffler péniblement). Il m'ajustit par deux fois avec son pistoudret, et je me recommandis de mon âme à mon patron qu'est saint Guillaume, comme il est aussi pour mon Bodin, mon nom de Mêlo étant Guillemette, en chrétienneté. Il n'tirit point, parce qu'il me voyait grandir à mesure que j'montais aux barriaux. « Qu'c'est-il qu'ça ? qu'c'est-il qu'ça ? » qu'il ramonait comme un quelqu'un qui cueille sa cervelle perdue. Et moi je huais tout doux comme les fersaies qui s'athuent à la saison d'printemps, ululant de même : « hou ou-ou! hou-ou! hou! »

Il tremblait si fort que ça lui craquait dans l'bec comme s'il aurait mangé des pierres de cailloux. « Oh! là là! oh! là là! qu'il disait ; le mal au ventre que j'ai dans moi! qu'c'est-il qu'ça, Dieu possible! ça a dix piods, douze pieds de haut pour sûr et pour vrai! » Et tout d'un coup s'ébrayit par une idée qui lui avint : « Vas-tu t'en aller, Satan! au nom de not'Saint Père et Monseigneur l'Évêque de Saint-Berieux! et Monsié l'recteur de Saint-Guen et les bonnes-sœurs! »

Puis par une autr'mouvance : « Qu'é qu'tu veux d'avec moi? Te faut-il des prières d'église? pour trente sous, pour très francs? ou pour comben qu'il t'en faut? J'les payerai. »

A c'coup là, je parlis, et p'têtre que je n'fis point bien. Je dis : « C'que j'veux d'toi, Jean Boué, juivrie et patte crochue, c'est t'annoncer le décès de ta prop'mort dans le péché, sans pénitence, si tu ne débarrasses pas Châtiaupauvre demain à matin de bonne heure... »

Il n'était point poltron, dâ! Dès qu'j'eus dit

ça, il se r'chômit tout drot, jurant et s'éclamant: « Ah! nom de nom de nom de nom! j'parie un pot d'cid' que c'est la bossée-crossée-damnée! attends! attends! j'vas t'apprendre à coliquer l'monde par la peur! » Et clic! j'vis brûler l'amorce. Et pan! l'pistroudret claquit. Par la bonté de not'Saint à nous deux mon Yaume, je n'gobis rien. Il avait miré ce qu'il croyait être le mitan de moi, c'est-à-dire sous mes pieds, car j'étais déjà en haut de l'échelle par ma tête pendant que le bout de mes draps pendait toujours sur l'herbe... Comprenez-vous ben? Pour Jean Boué, le r'venant avait les talons par terre et la tête au-dessus du mur : approchant quinze pieds de roi!

— Ah dam! ah dam! fit le grave Bodin en riant de tout son cœur : v'la quéq'chose qu'est farcement cocasse, pas vrai, bourgeois?

— Mais comment ça finit-il? dit mon frère; j'ai mauvaise idée du dénoucment.

— Du dénou quoi? demanda Yaume. J'entendîmes ben le coup de pistoudret à la ferme, mais un chacun a assez de ses affaires. Ne faut point aller chercher l'danger des autres ; n'empêche que, si j'avions su le jeu qu'y avait, j'aurions été voir.

Je pris la parole à mon tour, mais la sentence

que je rendis n'avait peut-être pas toute la sagesse du jugement de Salomon.

— Entre Môto et Jean Boué, dis-je, c'était un duel. Jean Boué se battait pour lui-même et Môto pour autrui. Jean Boué avait un pistolet et Môto n'avait rien.

— Excepté son diable au corps! grommela mon frère.

— Il en avait deux de pistroudrets! s'écria Môto; ça va par paires, comme les bœufs. Quand il eut lâché son coup, je me crus sauvée et je me mis à battre des bras que le drap faisait comme si j'avais eu deux grandes ailes de moulin, et la chaîne d'aller, et le hou hou. Et je dis : « Jean Boué, Jean Boué, à quoi sert de trouer la poitrine de ceux qui sont déjà mangés par les vers? Repens-toi et retourne à Saint-Guen... »

Clic, tic et pan! Il avait mieux miré de cette fois, le réprouvé! j'eus une écorchure. Écoutez donc! Il pouvait en avoir comme ça, des pétoires, plein sa poche. La peur me prit de ma piau, et comme j'étais au ras du mur, je jambis le faîtiau; mais avant de m'ensauver par l'autre côté, je dis dans l'ourais (l'oreille) de ma trompe : « A demain, Jean Boué, pêcheur, je vas t'attendre au berlinguin, » qu'est le cimetière. Et pour ne pas laisser de traces derrière moi, je tiris toutes mes affaires par-dessus le mur, la chaîne, les sabots, les draps, la trompe et l'échelle.

Pendant ça, il misérait criant : « Pardon, excuse et pitié, mon mort ! Hélà ! Hélà, là, j'ai du feu plein moi ! je veux bien m'en aller, mais je n'peux plus.... y a une main qui m'a pris par ma chemise ! Hélà ! mon Dieu et ma Vierge ! J'ai vu la *quesse* (cuisse) du r'venant qu'a relevé son drap mortuaire ! Sa jambe est à barriaux comme qui dirait d'une échelle ! Et c'est plus long que deux hommes bout à bout. Au secours ! La main du défunt n'veut point me lâcher ! au secours ! Un prêtre ! je n'veux mourir dans mon péché ! miséricorde ! au secours ! »

— Et vous n'allâtes pas à son secours, Mêto ? demandai-je d'une voix sévère.

Dans le regard qu'elle me jeta il y avait un peu d'étonnement et beaucoup de dédain.

— Y avait d'aut' monde qui m'appelait, répondit-elle. Les deux coups d'pétards avaient éveillé la grand'maman. J'allis à elle la première comme de juste. Je n'étais point la domestique du Judas !

— Et ça fut fait comme il faut d' vot' part, ma Mêto, déclara Yaume.

— Merci ! mon Bodin.

Mon frère et moi nous demandâmes en même temps :

— Mais enfin, ce malheureux homme était-il mort ?

— Oh dame nona ! répondit Mêlo, pas tout de coup ! Quand j'entris dans sa chambre au lendemain matin pour guetter-voir comme il allait, je le trouvis couché de son long devant la croisée, les quatre fers en l'air. Sa chemise était déchirée....

— Écoutez ça, dit Yaume avec solennité, v'là *le signe !*

— Déchirée du haut en bas, poursuivait Mêlo, et il en restait un bon morceau, pris dans le clou qu'arrête la bascule.

La bascule est la barre verticale et tournant sur pivot qui sert à réunir les deux battants des croisées dans les Côtes-du-Nord. Il y a une ferrure particulière pour arrêter cette barre, mais on la remplace souvent par un gros clou, surtout à la campagne.

C'était ici le cas.

Maintenant, voilà ce que Yaume appelait *le signe*, ou, si vous voulez, le doigt de Dieu :

D'après l'explication que nous donna Mêlo, Jean Boué, en se penchant pour tirer son second coup de pistolet, avait accroché sa chemise à ce clou. Quand il voulut se relever, il se sentit vigoureusement retenu, car la trétoile de Quintin ne vole pas sa réputation : elle est bonne. Jean Boué crut que le démon l'avait saisi par sa chemise qui ne se déchira enfin que par le poids de son corps, au moment où il tombait évanoui à la renverse. Ce fut en cet état que Méto le trouva :

— La *goule* (la gueule) tournée, nous dit-elle, tout comme un quelqu'un qui n'a pas eu sa confession à la male heure. Il n'mouvait plus, ni p'tit ni grand. Faut pardonner à ses 'némis, pas vrai? J'pris un siau d'iau que j'lui donnis en charité par tout l'corps et par après, j'lui brulis des plumes de poule sous l'nez. Il s'éveillit à force et à la fin, dolant, plaignant et disant plus doux qu'un petit enfant qui fait ses dents : « Ah! ma pauv'fille! c'que j'ai vu! c'que j'ai vu ! Personne, depuis le temps, n'a rien vu de pareil qui y ressemble! ses *quesses* étaient deux échelles, et de sa hauteur mesurée il avait trois aunes! » J'y demandis : « Voul'ous boire? » Il m'répondit : « Un p'tit, j'veux ben. » J'y fis chauffer du cidre, avec de la galette dedans, du lait caillibotté, du saindoux, une couenne de lard et c'qui nous restait d'moutarde, pour le r'mettre ; mais ça n'le r'mit point, et répétait terjoux : « C'que j'ai vu! c'que j'ai vu! Et ça m'attend au cimetière! » Et s'en allit par après, dès qu'il put, et ne r'vint point.

— Ah ! dame, nona, fit Yaume, ne r'vint point !

— Voyons, dit Edmond, je veux la vraie vérité : il en mourut ?

— Vère vraiment, répondirent-ils tous les deux à la fois, il en *quervit* (creva) féru-tapé par le signe !

— Et à quoi cela vous servit-il ? Le domaine a été vendu tout de même.

— Point tant que durit la vie de la grand'maman, répliqua Méto. D'achetoux dans le pays, on n'en trouvait plus. La Hervagiouse et son sans-jambe firent beurrer des affiches à Quintin, à Loudià, à Saint-Brieux, rien n'vint. Y avait le signe ! ça se disait jusqu'à Lamballe et plus loin d'vers Dinan que la noblesse était fréquentée-possédée, jusqu'à ce qu'enfin les Hervagioux boutèrent (mirent) l'enchère dans les gazettes, et qu'on nous dit qu'un monsié d'Rennes, qu'était donc vous, bourgeois, avait marqué par écrit au notaire de souffler la chandelle.

— Alors tu préparas pour moi la chaîne du puits, les sabots, l'échelle et les draps ? demanda Edmond.

— Nona, repartit Méto, v'nétiez point de par chez nous.

— Ni marchand d'fil retordu, ajouta Yaume.

— Ni toileux, ni rien de mal, acheva Méto. On ne vous en voulait du tout.

Après une pause, elle reprit en baissant la voix avec respect :

— Et puis, la grand'maman, marquise et dame de noblesse, était jà dans l'paradis de Dieu !

— Mais, dis-je à mon tour, il restait les deux petits.

— Pour ça, oui, par la grâce de Jésus Sauveur, la Vierge et les saints, répondit Méto, mais n'ont point besoin, ceux-là, des vieilles murailles. Rosane est promise bonne-sœur, et l'petit viau de vicomte ira soldat loin d'ici pour monter général. Il veut ça, c'est son idée.

— C'est son idée, répéta Yaume, plus fier qu'Artaban, il veut ça !

Puis il ajouta tout à coup :

— N'parlez point, v'là ma Méto qui va dire !

Elle avait pris cette pose que je lui avais déjà vue, ce soir, à la cuisine, les mains croisées sur ses genoux, la tête penchée en avant, les yeux perdus dans le vague. Son capot à demi renversé laissait voir la couronne de ses cheveux, blancs à éblouir.

— Elle avait donc mangé la sainte hostie le dimanche d'avant, dit-elle, parlant de la grand'-

maman. Monsié Prévôt, qu'était son confesseur, avait apporté c'qu'il fallait, et j'avions eu deux cierges qui restaient à not'prop'chapelle. En partant, Monsié Prévôt nous dit : « Elle est en route pour aller à la gloire du ciel. » Et quand il fut parti, elle tomba dormie. C'était à matin. Au temps de ma jeunesse, je l'avais connue belle comme la reine et je m'en ressouvenais, ce jour-là, mieux que les autres jours. Elle était siétée là où j'suis et l'soulé (le soleil) qui sourdait par les vitres caressait sa joue, blanche comme ses pauv'cheveux... Il'avait l'air de s'éjouer par dedans au fond de soi pensant, tant qu'elle rêvait joli et doux. Et alors, mon Yaume et moi, seuls auprès d'elle, j'eûmes son *avénement* (l'annonce de sa mort) qui fut que la teurte (tourterelle) de chérie not'Rosane essorit dehors de sa cage, qu'était pourtant bien fermée, et volit volant très fois autour de la salle avant de s'poser sur sa blanche tête, j'entends à la grand'maman. J'dis à Yaume : « V'là Dieu l'Saint-Esprit. » Et Yaume me refit : « Pour sûr, qui vient guetter sa bonne âme. » Et j'nous mîmes agenouillés, pleurant. Yaume dit l'*Pater*, moi l'*Ave*.

Par dehors, l'grand coq essayit d'chanter, ne put point ; l'ormiau du chemin branlit à très fois ses ramées. L'vent amenait l'son des cloches de Saint-Juhel qu'on entend que par souffle d'àhaut, et ventait d'à-bas. Les chiens allongirent le cou pour ululer l'malheur des maîtres.

Et tant qu'elle dormait rêvant, la sainte appelit, si tendre que j'en avions du plaisir dans not'peine : « Mon chéri Guy, ma chérie Rosane ! » Et la teurte refit volant très fois l'tour de la salle avant de rentrer dans sa cage par la porte fermée. J'ons vu ça.

— J'ons vu ça ! appuya Yaume : c'est péché de mentir.

— Par alors, le monde passait dans le chemin pour aller à la grand'messe du bourg, et tout un qui passait s'arrêtait pour demander à ceux de chez Yaume : « Va-t-elle comm'ous voulez, vot'dame ? »

Ceux de chez Yaume répondaient : « On lui a donné manger l'bon Dieu à c'matin, mais ça ne fait point mourir. » Le monde allait le chemin disant : « Nona, nona, ça fait vivre. » Et à force qu'ils demandaient et répondaient, la grand'maman s'éveillit.

Qu'il y eut donc que les deux bien-aimés, Guy et Rosane entrirent comme s'ils l'avaient entendu appeler. Ce n'était point ; mais ils étaient venus par une voix qui leur avait parlé dans le cœur.

Et la bonne maman les ouït, et ouvrit ses yeux, mais elle ne les vit point, et se mit à sourire disant : « Chéris de mon tendre amour, enfants de mes enfants, j'vous ai vus si beaux tous deux pour la dernière fois le jour d'hier, car me v'là aveuglée par le commencement de ma fin. Jésus soit béni avec le Saint-Esprit dans le Père tout-puissant, qui font la Trinité de mon seul Dieu, ainsi soit-il. »

Ils s'élancèrent tous les deux, baignés de leurs larmes, et ils se jetèrent sur elle pour l'embrasser par tout son corps. Elle disait : « Petiots, petiots ! mes entrailles, mon cœur ; ah ! que j'vous aimais, et que j'vous aime ! Guy, mon joli ! Rosane, ma mionne ! y a longtemps qu'j'ai assez de la terre passagère par mon grand besoin de r'poser dans la gloire de Celui qui ne finit point ; mais j'demandais à rester un jour, et puis encore un jour, à cause que j'vous aimais comme autant que mon salut, mes pauv'trésors, c'était péché ! » Et eux qui gémissaient : « Bonne maman ! bonne maman ! bonne maman ! »

— Failli chien ! dit Yaume essuyant ses joues inondées avec ses deux manches. De pleurer ça ne sert point... et on pleure... Et ça contente l'âme de pleurer... J'en ai vu mourir sept, elle était la dernière, hélà ! hélà de nous !

— Moi, j'en ai veillé neuf, continua Méto, des vieux et des jeunes, des heureux et des malheureux. Elle était la dernière. J'ai vu mourir monsié-père, qui était son mari et marquis, et si riche! monsié-fils, qu'était le mari de not'bonne dame, et qui laissa Coatmeur pourvenir demeurer à Châtiaupauvre... pauvre châtiau de dolence, de ruine et de misère !

Elle s'interrompit, puis reprit en s'adressant à moi :

— Vous avez vu not'Guy, que je vous ai dit : « C'est Châtiau », et que j'ai ajouté : « un petit noble de noblesse ! » n'y a pas plus noble de plus fière noblesse, et vous trouverez des cherchoux de pain mieux *pouillés* que lui dans leux vestiments... Vous avez vu not'Rosane, comme qui dirait servante chez l'Hervagiouse ! Ça n'durera point, n'ayez pitié. C'est comme le chemin d'ici à Saint-Juhel : Quand c'est qu'on a descendu assez, on r'monte !

Mais j'n'ai point fini de dire. La grand'maman les tint embrassés du temps, et l'horloge marquit onze heures qu'encore elle les tenait. Onze heures battant, on ouït la cloche clocher pour l'Élévation de la salutaire hostie, et alors l'esprit de la grand'maman lui défauda comme ses yeux avaient fait.

C'n'était point encore pour rendre son âme, mais où elle en était ne savait plus : battait, comme on dit, la berloque, mais si bellement, et si richement, à mesure qu'elle remontait dans la grandeur du temps qui avait été !...

— Ma Mêto, dit Yaume : h'est le temps qui sera !

— Ainsi soit, mon Bodin.

Puis, se tournant encore vers nous :

— Les deux agneaux, reprit-elle, étaient habillés bien pauvres, comme vous les avez vus. A travers qu'elle était aveugle, not'dame les voyait autrement, car en les chéri-bénissant, elle prêchait que j'en avions l'âme tournée, disant, mais si doux, si doux : « Mes deux chers amours, ne faut point jamais être fiers avec le petit monde de ce que vous avez à volonté des rubans et de la dentelle, des habits de soie et de velours ; ces choses-là sont de la terre ; en quittant de la terre, on ne les emporte pas. Tu n'en auras que trop, ma Rosane : Toutes les perles fines, rubis, diamants et bijoux en pierres précieuses qui étaient à moi avant d'être à ta sainte mère (ah ! Dieu clément, fit ici Mêto, y avait des années et des années qu'ils étaient vendus tous !), je te les donne par préciput et hors part, devant les témoins qui sont là, nos serviteurs fidèles, Guillaume Bodin de la Grand-Ferme, et Guillemette Lecouin, ma fille de compagnie, je te les donne, tels qu'ils sont et se comportent, selon l'état détaillé, à toi, Rose-Anne de Coatmeur, fille mineure de la fille de ma fille. Fais-en bon usage et n'en aie point d'orgueil. »

La mignonne demoiselle, comme si elle avait reçu un vrai trésor, répondit dans ses larmes : « Merci, grand'maman, de vot'bonté! » Et not'dame m'appelant par mon nom : « Guillemette, dit-elle, vous lui remettrez les écrins. » Moi, je dis : « Oui bien, bonne dame, ce sera fait. »

La grand'maman fut contente; elle avait bien de la peine à cueillir ses pensées. Elle reprit après du temps : « Par à présent, puisque tous ceux qui devaient m'enterrer, j'les ai mis en terre, excepté vous, mes chéris bénis, je vas faire entre vous deux le partage équitable de votre légitime richesse, comme il fut fait entre mon frère et moi : lui Roland de Coatmeur, renonçant en ma faveur au quart de son droit d'aînesse. Le testament en est dressé dans mon armoire, sous mon linge de corps, troisième planche en comptant par le bas, et promettez-moi qu'il n'y aura point de procès entre vous, mes blanches brebis, sous votre serment devant Dieu. » Guy et Ro-

sane jurèrent ; elle fut contente et continua :
« Guy-René-Yves Byran de Byran, Penillis
et Caër-Mel, au pays de Cornouailles-en-l'Ile,
de l'autre côté de la mer, je te donne et
lègue ce qui est ton bien, les château, forêt
et domaine de Lorges-Forges qui te font,
rien que par eux tout seuls, le plus riche
homme du pays de Bretagne. Mon aïeul par alliance les acquit de M. de Choiseul du Plessis de
Praslin, moyennant trois cent mille écus et cinq
cents louis d'or pour les bagues ; n'en aie point
d'orgueil ; les biens terrestres viennent de Dieu
qui peut les reprendre. Je te donne et lègue, ce
qui est mon héritage à moi, le château, domaine
et terre de Coatmeur, les sept moulins au cours
du ruisseau d'Oust, qu'on appelle à présent la
rivière, depuis le Garhaut, qui est en Saint-Caradoc jusqu'à Bonamour où commence la mouvance de Talhouët, notre ami et parent · la lande
du Cosquerou qui a la Fontaine des Miracles et la
lande de Trémené où est la Roche-à-Merlin, qui
branle. Merlin était un enchanteur et sa roche
est le dernier endroit où l'on trouve encore des
fées : quand tu iras à la cour de Paris, tu diras
cela. Je te donne et lègue en outre les trente-trois
fermes de Basse-Bretagne et nos grands magasins
de Quintin-la-Toile pour balancer le préciput des

joyaux de famille, établi en faveur de mademoiselle de Byran Coatmeur : le tout avec trois mille louis d'or de vingt-quatre livres sur l'argent comptant qui sera trouvé à mon décès. Use noblement de cette lourde fortune, mon petit enfant bien aimé. Soulage les pauvres, soutiens l'Église, sers le roi... Embrasse-moi. »

Méto s'arrêta ici pour demander : « C'est-il ça, mon Yaume? »

Yaume répondit : « Me semble que j'entends encore not'bonne dame. » Et Méto poursuivit :

— Châtiau, pauvre innocent, avec ses sabots aux pieds et son vestaquin déchiré, savait bien qu'il n'aurait point un pouce de terre ni à Lorges ni à Coatmeur, qui étaient vendus longtemps avant qu'il fût né, ainsi que les sept moulins et le restant ; il savait que la maison d'ici était not'dernier lopin et qu'on attendait l'enchère. N'empêche qu'il baisa les mains de not'dame en disant merci, comme si on lui eût donné un partage de roi régnant.

Et not'dame, bien aise, recontinua :

— Toi, Rosane, ma mignonnette, tu n'as pas besoin de rien, sinon pour ta dot en religion, puisque ceux qui avaient péché avant ta naissance ont voué ta jeunesse à Jésus. Je la veux belle, ta dot, et convenable pour une demoiselle de ton nom. Tu porteras à la maison de Saint-Vincent de Paul de Dinan où tu entreras novice, dès que tu auras l'âge de ratifier le vœu qu'on a juré pour toi, le petit domaine de Châteaupauvre en Saint-Juhel, avec les bois du Clésio-en-Saint-Thelo et nos onze fermes d'Ille-et-Vilaine, de l'autre côté de Loudéac. Outre les joyaux de notre famille qui, par toi, auront l'honneur de parer l'autel de la bienheureuse Marie toujours vierge, ton capital en terres passe quatre cent mille francs, et tu auras cinq cents louis d'or de vingt-quatre livres sur l'argent comptant de ma réserve. Méto, ma compagnie, sait où cet argent sera trouvé. Es-tu contente?

Rosane ne pouvait point répondre, parce que son chagrin l'étouffait. La bonne maman se fâcha et dit :

— N'en trouves-tu pas assez, fillette? Es-tu jalouse de ton cousin?

— Ah! grand'maman! grand'maman! fit la chère petite demoiselle, pour vous garder avec moi, je donnerais toute la terre qui est sous le ciel, et les bois, et l'argent et les pierreries, et pour que mon cousin Guy ait du bonheur, je sacrifierais de mon bonheur à moi tout ce qui n'est pas l'éternel salut de mon âme.

Et ils se regardèrent, elle et lui, à travers leurs

larmes. Vous pouvez bien chercher d'ici jusqu'à Paris et plus loin avant d'en trouver deux autres semblablement beaux de tout en tout, dans leux corps et dans leux cœurs ; c'est fier et doux, c'est grand et blanc ; ça va à travers le bien tout droit et ça ne connaît pas même le mal : à eux deux, ils auraient fait un mariage comme on n'en a point vu jamais de si heureux !

Au lieu de quoi, ils iront par deux chemins qui ne se rencontrent point, un pour mourir soldat, l'autre pour souffrir sœur grise.... que votre volonté soit faite, Seigneur Dieu, not'Père tout-puissant, puisque vous êtes le maître sur la terre comme dans le ciel !...

Mêto Lecouïn ramena son capot brusquement, et dans la nuit où sa figure fut plongée, nous entendîmes des sanglots. Puis, se redressant tout à coup :

— Soixante ans, j'ai mangé leu' pain, prononça-t-elle tout bas. Pour ça j'ai aidé à leu' vie et à leu' mort. La grand'maman a décédé aussi riche que ceux d'autrefois, puisque dans la cheminée éteinte de sa masure elle coupait-partageait la terre et l'argiein, à l'un donnant Lorges-Forges qui vaut le pesant d'un bœuf en or, et Coatmeur, le manoir joli qu'on voit de loin dans un champ de roses, et les moulins et les forêts, donnant à l'autre les colliers, les bracelets.... Ah ! y en avait des rubis couleur de feu et des pendances de perles fines !... De rêver qu'on dîne, la touaille est mise, pas vrai, mon Bodin?

— Vère, ma Méto, vraiment : ll'est morte riche !

— Donc, la grand'maman donnait, donnait, donnait.... Cinq cents écus (qu'elle disait aux chéris) à chacun des domestiques, Yvon, Jouan, Chinot, Bozec, Mathelin, Renot et Catiche, Agie, Scholastique, Michonne, Mariotte.... le dernier et la dernière de ces domestiques-là étaient partis depuis des mois et des années, mais tous leux noms lui revenaient et n'oubeliait personne.... dix mille francs (entend'ous ?) à moi qu'elle recommençait aujourd'hui à appeler sa « compagnie, » cinq mille francs à la paroisse de Saint-Juhel et mille francs à chacune des paroisses où elle avait du bien.... et aux pauvres, et aux bonnes sœurs, et à vous, mon Yaume, et à tous l's enfants de vous et des métayers, à tous, à tous, que ça durit sans arrêter jusque à la fin d'vêpres.... Etait contente d'avoir tant donné, et dit : « Me v'là lassée de plaisir. »

Et puis ne parla plus jamais, sinon qu'une fois pour la dernière.

Méto reprit haleine, car un poids oppressait sa

poitrine. Yaume ôta sa pipe d'entre ses dents. Venant je ne sais d'où, le bruit d'un soupir frappa mon oreille. Méto continua :

— Ce fut l'dimanche qui vint par après, car la grand'maman était faite avec du bon bois ! Et restit la semaine entière à débattre sa mort, sans voir ni savoir, mais sans souffrir aussi. A donc, l'prochain dimanche, à la même heure d'onze heures qu'on sonnait l'Élévation encore à la grand'messe de Saint-Juhel, tout d'un coup se remuit not'dame et dit : « Bonsoir, à vous r'voir ! »

J'étions là, depuis le jour poindant, à attendre sa bonne mort : moi, les deux chéris, vous, mon Yaume et Monsié-Prévôt, qui lui tenait l'crucifix sur sa pauv' bouche. Elle était siétée encore où je suis, car ne s'est jamais couchée. Voulait finir dans sa chaire et d'vant son feu ! Comme la cloche clochait, elle dit : « Jésus, mi-Jésus ! » Puis par après : « V'la l'factoux d'la poste qui devale venant ! » Et tout au même moment, on entendit le factoux qui criait dans la cour : « Une lettre de Saint-Berieuc ! » et Châtiau sourdit dehors la chercher.

J'vîmes ce que n'avions point vu depuis l'aut' dimanche : la couleur de ses yeux, car les ouvrit tout grands, et dit : « J'vois ben ma Rosane, mais Guy chéri, où qu'il est? » Et dans le même instant : « Faut-il que je les laisse dans la ruine ici ! Châteaupauvre ! Châteaupauvre ! pauvre, pauvre, pauvre !.... »

Avec ses yeux, la mémoire lui était revenue pour finir. Elle appela encore son Guy, puis je la vîmes qui souriettait dans son dedans et disait : « Béni Jésus, il leur reste un toit et vot' Providence.... » Et rendit son âme.

Justement, Châtiau rentrait avec la lettre apportée par le factoux et qui annonçait la vente faite. V'la donc le vrai :

Sans que j'avions fronté les acheloux, not' dame, pas moins, n'aurait pas mouru dans la cheminée de chez elle. En fait du fait, elle n'était plus chez elle à c't' heure, puisqu'elle était jà chez vous, mais n'en savait point rien. La vente avait attendu la mort. C'était c'qu'on voulait. J'ai fini de dire.

Mon frère se leva en silence. Méto prit aussitôt un des flambeaux et Bodin l'autre. J'ai oublié de mentionner qu'en sortant de table Méto nous avait annoncé que deux bons lits nous attendaient au premier étage, et à ce propos mon frère ayant reproché à Yaume de l'avoir laissé dans l'inquiétude au lieu de lui dire tout de suite l'excellent accueil qu'il devait recevoir à Châteaupauvre, Yaume avait secoué la tête en répondant tout bas :

— Ah ! dame, pour être une bonne quertienne de quériature (créature), n'y en a point sa pareille, quànt a'veut, mais a'n'veut pas terjoux. On n'sait jamais c'qu'elle est pour faire ou n'pas faire. Ne faut point l'affronter, v'la le sûr, ni se mêler trop d'avec elle, ni la guetter d'espion. Si c'est que je ne la tiendrais point un p'tit par l'idée de la chairette neuve et des grands bœufs pour son chairroi au berlinguin (cimetière), a' m' ferait peur à moi-même, des fois qui sont. »

Nous montâmes en procession l'escalier qui avait de si grosses rampes, mais dont les marches branlaient sous nos pieds.

— Que dis-tu de cette grande guenon-là ? me demanda mon frère en chemin. Je l'aime tout plein, moi. J'ai envie de la gager ici premier ministre pour garder mon fief pendant les onze mois et demi de l'année que je ne l'habiterai pas. Elle donnera l'hospitalité à qui elle voudra....

— C'est une femme très-étonnante, répondis-je : elle m'a remué.

— Tu sais, il y a 99 pour 100 de mensonges dans son affaire, mais c'est égal, tu as raison, ce qu'elle raconte pique le nez comme une sauce à la tartare ; seulement ce n'est pas pour ça que je la prends. Le meilleur de tous les chiens de garde serait un vrai loup, si on pouvait l'apprivoiser, pour soi tout seul, en lui laissant sa férocité pour les autres. Elle est louve, et j'ai idée qu'elle épouvanterait les autres loups.

Méto, qui montait devant, ouvrait en ce moment la porte de notre chambre, située au-dessus de la salle à manger et juste de la même étendue. Il y avait deux lits de bonne taille avec des draps bien blancs et flairant bon, parce qu'on avait jeté de la menthe sauvage dans tous les coins.

— Est-ce que c'était ici que couchait le marchand de fil retordu ? demanda Edmond.

— Vère, vraiment, répondit Méto, voul'ous voir le clou qui prit sa chemise ?

Edmond s'occupait à tâter son lit, mais moi, sous prétexte de voir le clou, je me rapprochai de Méto et je lui demandai tout bas :

— Où est-il passé ?

— Qui ça ?

— Le beau petit homme de ce soir.... Châtiau ?

— Il est où faut qu'il soit, me répondit-elle d'un ton de sécheresse ombrageuse. Tenez, v'là l'clou, et l'échelle était là, en face.

Je regardai machinalement. Vous vous souvenez du beau clair de lune qu'il faisait. Je ne vis point l'échelle, mais j'eus comme une charmante vision. Les chiens de la ferme gambadaient dans l'aire autour d'un groupe, exquis de grâce, de chasteté et de jeunesse : deux enfants qui échangeaient quelques paroles. Je voyais en plein la figure du petit « noble de noblesse; » il semblait soutenir sa compagne, dont les cheveux blonds ondulaient comme un nuage pâle sur l'étoffe sombre de sa robe. Je reconnus d'un coup d'œil cette blonde auréole.

Or il m'était facile de comprendre comment Guy pouvait être ici à cette heure, mais Rosane?...

Je ne crois pas que Mélo s'attendît plus que moi à les voir en ce lieu, car elle me poussa de côté sans façon pour se mettre entre moi et la fenêtre.

— Tu vois bien ce monsieur-là, lui disait en ce moment mon frère qui était resté auprès de son lit avec Yaume et me montrait au doigt; regarde-le bien, il *guette* des histoires pour les revendre, comme les marchands de perruques qui tondent les cheveux des filles aux foires. Moi, je ne te donnerai pas souvent quarante sous pour des machines à porter le diable en terre comme celle de ce soir, mais lui, il prend en bloc ; c'est un *achetoux* d'histoires !

Les yeux perçants de Méto plongeaient au fond des miens.

— Si c'est vrai qu'vous payez quarante sous pour chaque histoire, me dit-elle, vous m'avez donc fait tort de moitié pour celle de demain, car vous n'avez donné qu'vingt sous.

Et comme je lui tendais le reste en riant, elle me saisit la main qu'elle serra avec force en ajoutant tout bas :

— Ne faut dire à personne ce que vous venez de voir, là dans l'aire, et ne faut ni juger ni penser du mal à part vous. Les *Dormis-qui-vont* ne ressemblent pas à d'aut'monde.

— Est-ce que Rosane ?... m'écriai-je.

Elle serra plus fort, et au point que les os de ma main craquèrent.

— C'est d'n'e point parler ! fit-elle d'un ton de commandement. Demain, j'serai là. Venez, vous saurez pour vot'argien tout ce qu'on peut vous dire.

A l'instant où elle me quittait pour se rapprocher de mon frère, je ne pus m'empêcher de regarder encore à travers les carreaux, mais l'aire était déserte. La charmante vision avait disparu.

— Dormez à vot'volonté, bourgeois, dit-elle, v's êtes chez vous. La couchée est à vous, paille et crin, bois et toile; on vous souhaite bon repos avec vot'bon ange... Sourdez v'nir, mon Yaume. Vous avez de l'ouvrage à faire avant de vous coucher, à c'te nuit.

VII

Les deux lits n'étaient pas posés dans une alcôve, mais au long de la muraille. Chacun d'eux s'abritait sous une flèche qui avait été dorée et qui restait rouge. Les rideaux de serge brune déteinte ne tenaient plus beaucoup, mais il y avait des draps bien blancs, quoique un peu humides. Deux bénitiers jumeaux pendaient au mur avec deux gros bouquets de buis desséché.

On ne voyait sur la cheminée ni pendule, ni vases, ni rien, mais à la maîtresse poutre du plafond, sculptée selon les tâtonnements d'un art enfantin, pendait, en guise de lustre, une immense girandole de papier découpé et frisé qui servait de piége pour les mouches.

Quatre chaises d'église composaient tout le mobilier.

Mon frère se coucha content, et à sa place j'aurais été content aussi. La maison ne lui importait guère ; il avait acheté surtout les champs, et, d'après ce qu'il avait pu entendre, depuis notre arrivée, son domaine était un petit Chanaan. Il s'endormit après avoir fait quelques réflexions sages sur le cas du marchand de fil retordu et l'attachement un peu sauvage de Méto pour ses anciens maîtres. Ce dévouement était loin de lui déplaire, puisqu'il se sentait capable d'en mériter un pareil.

Il aimait déjà Yaume Bodin et sa tribu pour l'hommage qu'on avait rendu à son talent de menoux (pour mener) et comptait visiter le lendemain ses métairies au milieu d'un imposant concours de vassaux, soumis à sa puissance, non point par la rigueur des anciennes lois féodales, mais en considération seulement de sa supériorité comme menoux (de mener). Doux empire !

Il ronflait déjà que je songeais encore. Dois-je avouer que je me relevai trois fois, avant de m'endormir, pour aller à la fenêtre? Il m'avait semblé entendre de singuliers bruits. La lune voguait toujours au ciel sans nuage, épandant sa lumière sur la cour verte, l'aire et l'entrée du chemin par où nous étions arrivés, mais ma vision ne reparut point. Il n'y avait plus rien ni personne, et, un peu après minuit, le brouillard monta des fonds, traîné en longs moutonnements blancs par le vent qui se levait.

Une chose certaine, c'est qu'à plusieurs reprises on marcha au dehors : des pas de gens invisibles, et au dedans comme si des pieds nus avaient monté et descendu l'escalier aux rampes monumentales. Ce n'était pas un castel assurément que cette pauvre maison où l'on avait perdu tant d'argent à vendre de la toile, mais il fallait bien que la décadence d'une race de si grands seigneurs, tombée si bas et si rapidement, eût une cause. Il n'était mention dans tout ce que j'avais entendu ni de prodigalités de cour, ni d'élégantes folies, ni de rien qui ruine, — excepté le commerce. Et le commerce lui-même n'était-il pas une extrémité pour de telles gens?

Sans doute qu'on ne m'avait pas tout dit.

Je fis sonner ma montre vers quatre heures après minuit, parce que le temps me semblait long. A parler vrai, rien ne m'empêchait de dormir; je n'étais ni préoccupé ni fiévreux, et pourtant je n'avais pas encore fermé l'œil. Au moment où je sentais, à la fin, avec un véritable plaisir, ma pensée se noyer dans le vague, j'entendis *houver* à une grande distance de la maison.

La voix qui exécutait cette sorte de roucoulement arpégé dont j'ai parlé déjà, et qui est l'appel des allants après la nuit tombée, était si lointaine que j'aurais cru à un rêve, si, l'instant d'auparavant, l'écho affaibli d'un coup de fusil ne fût venu jusqu'à mon oreille.

Du reste, une seconde *houpée*, réponse à la première, retentit presque au même moment à cent pas de moi tout au plus, derrière les bâtiments de la ferme, et deux minutes après je pus ouïr le son mélancolique et qui m'est devenu bien familier depuis lors d'une charrette dont les roues heurtait les roches noyées dans la boue des bas-chemins.

D'autres l'ont dit : l'air que chantent les nuits de Bretagne est souverainement triste. Ailleurs le concert produit par l'ensemble des mille voix qui murmurent dans les ténèbres peut égayer ou du moins bercer le cœur ; ici, non. Il y a trop de plaintes au milieu de ce silence qui pleure.

On aurait peine à le croire : un des plus lugubres entre les cris de la nuit bretonne, c'est précisément le son des roues de cette lointaine charrette qui va lentement et péniblement, écrasant les pierres sous l'eau des fondrières. Cela est si vrai que les bonnes gens ont donné un nom à ce bruit dont ils connaissent si bien l'origine et qui pourtant leur fait peur. Ils ont beau savoir que c'est le harnois (l'attelage) du voisin qui chemine, ils disent, s'ils sont de la terre bretonnante : *Carriguel an'ancou !* (le charriot de la mort), et s'ils sont du pays gallo, en deçà de Saint-Guen : « La berouette de la *femme nère !* »

Ils disent cela surtout quand l'essieu grince, et Dieu sait que, là-bas, les essieux grincent toujours.

L'essieu grinçait. Quand les roches ne sonnaient pas trop sous le choc des roues, je l'entendais de plus en plus distinctement. Il est probable que l'appel échangé entre les houpeurs avait suffi, car il ne se renouvela point. Au bout de deux ou trois minutes, le bruit sembla émerger, parce que la charrette sortait du chemin couvert, et aussitôt toutes ces voix, accordées en ton mineur que je connaissais depuis la veille au soir, les voix de Guelonne et d'Agie, de Guite et de Fanchune, les voix de Mathau, de Pelo, de Chinot, de Renot, éclatèrent à la fois en un bavardage d'une incroyable activité. On aurait dit un chœur de gémissements assortis, coupés par des rires qu'on essayait bien d'étouffer, mais qui n'en sanglotaient que mieux. Je ne pus m'empêcher de songer que ce serait ainsi le fameux jour où Yaume Bodin prêterait sa charrette neuve et ses grands bœufs (s'il n'en avait point affaire ailleurs, vère vraiment), pour mener menant sa Mêto au cimetière.

Je sautai hors de mon lit pour retourner encore une fois à la fenêtre, mais cela ne me servit à rien. Le brouillard qui, dès minuit, commençait à monter des fonds où coule la rivière d'Oust, était maintenant dans toute sa gloire. Il se collait aux petites vitres de la croisée, et la maison de noblesse, sans être un bijou, se trouvait pourtant parfaitement emballée dans de la ouate.

C'était d'une épaisseur étrange et d'un blanc éclatant, à cause des derniers rayons de la lune qui luttaient contre les premières lueurs du jour et qui imprégnaient cette masse confusément lucide, comme l'âme d'une lampe illumine un verre dépoli. J'aurais étendu là-dedans mon bras que j'aurais cessé de voir le bout de mes doigts.

J'y perdais sûrement, car la charrette et son bruyant cortége débouchaient dans l'aire. Je ne peux pas nier qu'on ne fît là de très-sincères efforts pour ne pas « mener de débit » (faire du bruit). J'entendais ces mots aller et revenir sous forme d'instantes recommandations d'avoir à parler tout bas, « pour point déveiller l's achetoux. »

Et on parlait tout bas en effet, — comme des geais qui essaieraient de chuchoter leurs déchirantes crieries.

La charrette s'arrêta au milieu de l'aire, à l'endroit où l'on avait dételé notre carriole. Elle était si près de moi que j'entendais les bœufs souffler. On bavardait comme si chaque langue eût travaillé à la tâche, et avec une agitation croissante. Ce peuple de la campagne bretonne semble dormir quand on le regarde au soleil, mais la nuit, il s'anime, il s'affaire, et dès qu'il y a en jeu une charrette et des bœufs, vous le croiriez occupé à comploter le salut de la patrie, comme les compagnons de Guillaume Tell. Les filles surtout dépensent, en ces occasions, une quantité inouïe de paroles, enfilées sur une chanterelle lamentable et qui ne disent rien, sinon qu'il ne faut jamais mentir, si l'on veut rester toujours dans la vérité.

J'ai compté dans le pays jusqu'à cinquante-sept formules exprimant toutes cette pensée éminemment respectable.

Jugez, cependant, s'il faut en croire sur parole des braves gens qui éprouvent un si cuisant besoin de s'exhorter sans cesse eux-mêmes à la sincérité !

—Porteriez un biau panier au marché, se disent

entre elles les *dames* de Saint-Juhel, s'il vous sortait tant seulement un œuf de vot' corps, toutes fois et quantes que v'tombez l'nez dans l'péché d'menterie !

J'écoutais l'oreille au carreau, mais je ne fus guère plus heureux pour entendre que pour voir. C'était un brouillamini de patois où je saisissais au vol de temps en temps quelque nom propre, entre autres celui de Châtiau, et aussi ces mots souvent répétés : « not' pauv' petite demoiselle ! » Les Hervagioux étaient aussi sur le tapis, avec « le bancal » qui semblait voué au mépris public, et encore un personnage à moi tout à fait inconnu, désigné sous le nom de *Mylord* ou même de *l'Angliche*.

On parla également de Méto, de soldats et de sœurs grises. En dehors de cela, rien ne m'arriva distinct, sinon l'assurance mille fois répétée que mieux vaudrait pour un quelqu'un de quertien (chrétien) ne point jamais ouvrir le bec en toute sa vie vivante que de mentir une seule fois qui n'est qu'une fois !

Au bout d'un quart d'heure, la charrette se remit en mouvement, et je reconnus très-bien l'organe enrhumé du vieux Bodin prononçant le commandement d'appareillage :

— Dia deçà ! haïte !

Et tout de suite, après un véritable déluge d'adieux attendris :

— Bonsoir, à l'occasion d'vous r'voir, si vite que j'le souhaite !

— J'penserons d'avec vous pour sûr, tard et matin, ah ! là là, faut-il s'quitter de même !

— Reviendrez, je n'mens point....

— L'bon Dieu est bon, si l'monde sont tous d'la gale ! Reviendrez, sûr et vrai !

— Dans nos prières on n'vous oubliera !

Une voix d'adolescent, gaillarde et déjà mâle, coupa à travers ces criailleries et dit d'un ton bref :

— Adieu, mes amis !

Et une autre voix, jolie et pure comme les yeux bleus de Rosane, ajouta :

— Mes bonnes gens que j'aimais tant, je vous remercie, adieu !

Ce fut tout. J'avais le cœur gros. Où allaient-ils, ces deux déshérités ?

Car c'était un départ, et je les devinais dans la charrette, Guy, ce rude enfant, regard si fier ! et la chère petite à la beauté angélique qui était déjà une « promise de Jésus. »

Le roulement de la charrette s'étouffa sur la terre douce, en même temps que le pas du cortége ; on entendit encore un instant les adieux des filles, monotones comme des litanies; — puis les aboiements des deux chiens-loups, sonores et inquiets, puis tout ce qui était bruit de départ fit silence au lointain.

Et tout près, les coqs chantèrent, voix de la maison qui restait.

Je regagnai mon lit tristement. Certes, Edmond n'était pas cause, et pourtant, je lui en voulais presque de dormir à la place de ceux qui s'en allaient.

Certes encore son excellent cœur n'aurait pas demandé mieux que d'offrir un asile aux partants, mais derrière cette misère il y avait un grand orgueil.

Avez-vous réfléchi à cela ? Quoi de plus simple qu'une vente d'immeuble ? Il y a toute une catégorie de personnes recommandables qui vivent de ces mutations, et il est dans la nature même des choses que les biens aillent ainsi, et qu'ils viennent....

Mais qu'il y a de douleurs poignantes, de larmes, d'angoisses, de drames en deuil et de terribles tragédies entre les lignes de ce journal qui n'insère pourtant pas de feuilletons : *Les petites Affiches !*...

Comme je me coulais un peu frissonnant entre mes draps, Edmond s'éveilla en sursaut par suite d'une de ces explosions qui font éclater les ronfleurs comme des chaudières.

— Dors-tu, Louis? me demanda-t-il.
— Non.
— Quelle heure est-il?
— Quatre heures et un quart.
— Je rêvais que j'étais négociant en fil retordu, et que Mêlo me pendait au gros clou de la fenêtre.... Je vais refaire un somme.
— Tu l'as bien gagné! répondis-je avec malveillance : quand on s'est distingué comme toi dans le grand art des menoux pour mener....

Mais cette attaque dénaturée resta sans effet. Mon frère n'en eut même pas connaissance. Il ronflait déjà.

Je ne sais pas à quelle heure je m'endormis. Quand j'ouvris les yeux, il faisait grand jour et, au lieu du brouillard cotonneux, c'était maintenant le soleil qui caressait les carreaux de notre croisée. Ma montre marquait sept heures. Je sautai sur pied pour voir d'abord le paysage qui consistait en un mur gris, bouchant exactement la vue, le mur où Mêlo avait habillé son échelle. Au delà de ce mur, et comme on met une seconde enveloppe à un paquet, une vilaine masure s'élevait qui interceptait l'air et cachait le ciel.

On voyait quatre ou cinq têtes d'ormes entre

cette masure et les bâtiments de la ferme qui s'étendaient sur la gauche, de l'autre côté de l'aire.

Les gens qui avaient bâti Châteaupauvre étaient des contempteurs hardis des beautés de la nature.

J'ai dû vous dire, en effet, déjà que ce pays de Saint-Juhel est charmant. Tout y in... sse l'œil du promeneur, même ces affreux chemins si funestes aux carrioles. On aurait fouillé vainement les alentours à trois lieues à la ronde sans trouver un coin de terre aussi radicalement inhabitable.

Végéter au fond de ce trou après avoir possédé le palais des ducs de Lorges et le riant château de Coatmeur que je devais admirer, aujourd'hui même, blanc comme une maison de marbre au milieu de ses jardins fleuris, tel avait été le sort des maîtres de Méto Lecouin, dont je savais la chute vaguement sans connaître encore leur histoire.

Il n'y avait personne du côté de la ferme : bêtes et gens étaient déjà aux champs. Par la cheminée de la masure ennemie placée au devant de mes yeux comme un bandeau, un mince filet de fumée sortait, bleui par les rayons du soleil matinier. Sur le toit moussu, des touffes de joubarbe moutonnaient comme une éruption de champignons roux, et tout en haut du grand orme, une pie effrontée se balançait en battant de la queue et en radotant ses caquets rauques.

Je m'habillai lestement, car j'étais en retard pour mon rendez-vous avec Méto. Par bonheur, Edmond ronflait toujours, ce qui me donnait du large pour interroger la vieille. Elle me devait toute sorte de reconnaissance, car j'avais lâchement abandonné, en sa faveur, le parti de mon frère, la veille au soir, et j'étais prêt à recommencer ce matin, mon désir de savoir n'ayant fait que croître par suite du mystérieux départ des deux enfants. J'avais envie, mais là, tout à fait, de voir la figure de cette étrange bonne femme au grand jour.

Le grand jour était cependant chose assez rare à Châteaupauvre, je m'en aperçus en descendant l'escalier, dont les marches inégales avaient çà et là une tendance à basculer. La rampe seule faisait bonne contenance, quoiqu'elle eût bien quelques barreaux mal attachés qui venaient vous prendre les jambes comme des piéges.

La cuisine elle-même était très-noire. En y entrant, je regrettai la résine. Méto me sembla être à sa place de la veille, et une bonne odeur de soupe me dénonça son occupation.

— Je viens chercher l'histoire du dormi-qui-va,

dis-je gaiement comme je passais le seuil. Bonjour, ma bonne, comment vous va?

J'avais encore dans l'oreille la voix de Méto, aux inflexions si diverses; tantôt rude et sonnant une sorte de grandeur, tantôt pateline comme la diplomatie des paysans; je ne reconnus rien de tout cela dans la réponse qui me fut faite et que je rapporte textuellement :

— C'est donc bien toi, mon fils, que j'ai l'avantage de revoir après tant d'années, toi, le plus mauvais élève de M. J.-F. Rouillard, professeur de seconde au collége royal de Rennes, auteur du *Nouveau cours de thèmes* et du *Recueil des bons tours latins* à l'usage de la jeunesse, que la postérité connaîtra mieux sous son surnom de père Quandoquidem! Je te salue, Louis Durand, je suis en train de faire chauffer ta soupe sur l'ordre exprès de Méto Lecouin, qui veut bien m'honorer de sa confiance pour aujourd'hui.

Mes yeux avaient mis tout ce temps à s'habituer à l'obscurité, et ce fut seulement alors que je distinguai une soutane dans le fond de la cheminée.

— Vincent! m'écriai-je, mon ennemi Vincent Prévôt! Ah! c'est toi, le petit curé de Saint-Juhel, qui permets le poil à gratter contre les toileux et les chaînes de puits! Eh bien! cette idée-là m'avait passé par la tête hier soir en écoutant le récit de notre montreuse de revenants !

— Moi-même, répliqua Prévôt; quand j'ai su que M. Durand (Edmond), le nouveau propriétaire, était accompagné d'un Louis Durand, je me suis dit tout de suite : ce Louis doit être le mien, qui annonçait dès son enfance d'étonnantes dispositions à ne rien faire d'utile ni de recommandable.... Pauvre père Quandoquidem ! Tu l'as mis dans tes livres. Il te prédisait trois fois par jour que tu finirais au gibet, et trois autres fois que tu serais l'honneur de la Bretagne !

— Ni l'un ni l'autre ne s'est encore réalisé, dis-je en tendant ma main.

Vincent la prit et m'attira vigoureusement à lui. Nous nous embrassâmes de bon cœur. Il sentait la soupe et la fumée en homme qui vient de cuisiner pour tout de bon.

— Méto est donc en route avec les enfants ? demandai-je.

— Ah ! ah ! fit-il, tu sais que les enfants sont en route ?

Il reprit sa place auprès de la marmite et ajouta :

— Va dans la cour et ouvre le volet que le vent vient de pousser. Comme cela nous pourrons constater mutuellement le déchet apporté par le temps à l'ancienne fraîcheur de notre jeunesse.

Quand je revins, après avoir obéi, la lumière de la fenêtre tombait d'aplomb sur lui.

— Tu n'as pas changé ! m'écriai-je ; il me semble que je t'ai vu hier !

— Douze ans, me répondit-il, n'est-ce pas hier ?

Une figure ronde, brune, avec des pommettes très-saillantes et des yeux exprimant une vive intelligence, le nez un peu épaté, la bouche charmante, les cheveux déjà rares, frisés, noirs, semés de quelques fils d'argent; trop court de taille avec cela, mais alerte et bien pris, tel était Vincent, mon copain de collège.

Un vrai Breton, et dont l'aspect me fit songer à ces petits soldats de chez nous, et aussi à ces petits chevaux de nos landes, qui passent, les uns et les autres, pour être les plus vaillants du monde entier.

— Je pense bien, me dit-il, que tu me mettras tout vif, moi aussi, un jour ou l'autre, dans quelque recueil de sornettes, à cause du poil à gratter et de la soupe réchauffée. Je ne suis pourtant coupable que de la soupe. Es-tu chrétien ?

— Oui, par la grâce de Dieu.

— Alors, fais de moi des choux et des raves

à ta volonté. Le rire des chrétiens est bon....
Pose les écuelles sur la table, nous allons déjeuner.

— Tu as donc déjà dit ta messe?

— A cinq heures, ce matin, oui, pour tenir prêt ton potage et gagner les quarante sous que tu as compté à Mlle Guillemette Lecouin de Tréhodie.

Mélo est noble aussi? m'écriai-je.

— Tout le monde, ici, un petit peu. Moi-même je suis Prévôt du Cloux, mais je n'en ai point d'orgueil. M. Le Hervageur est sire de Clochemitaine et sa *dame* avait nom jadis Aglaé Morin de Coëtaufilminiheur. Je te défie de trouver un veau dans les champs, d'ici à Saint-Brieuc, qui ne soit pas un gentilveau. Mais les deux petits, c'est différent, ça ne plaisante plus. Byran et Coatmeur sont « des nobles de noblesse. »

Il fit un bout de toilette, car sa soutane avait été proprement retroussée pour approcher du feu sans danger, et il avait ses deux manches relevées. En s'asseyant à table auprès de moi, il me dit :

— Maintenant, ton frère peut venir prendre sa part de la trempée; le décorum est sauf. Si dans tes folles imaginations de romancier tu t'es jamais figuré un second vicaire des Côtes-du-

Nord nageant dans l'opulence et entouré d'un nombreux domestique, j'aurai le chagrin de te détromper. Môto m'a d'autant plus volontiers confié le soin de préparer ton déjeuner qu'elle connaît mes talents : pour raison de nécessité, je ne mange jamais que ma propre cuisine, qui n'est pas très-longue à faire.

— Il me semblait, dis-je, que tes parents avaient du bien.

— Ils ne l'ont ni dilapidé ni emporté, me répondit-il simplement, mais la paroisse est riche en pauvres.

J'eus un moment d'expansion en le voyant attaquer son écuellée de grand appétit, en homme qui est hors de son lit depuis trois ou quatre heures et qui n'a encore rien mis sous sa dent.

— Par ma foi, Vincent, m'écriai-je, c'est sûr que je te planterai quelque part, tout vif, comme tu dis : tu es le plus joli petit curé qu'on puisse voir !

— Si nous en sommes aux compliments, répondit-il, en avant, marche ! J'ai lu de plus mauvais livres encore que les tiens, mon bonhomme.

— Comment ! tu as lu mes livres ?

— Pas tous, Dieu merci ! C'est bien mêlé.

— A qui le dis-tu ?... Est-ce que tu avais la vocation dès le collège ?

— Tu sais bien que non.
— Comment t'est-elle venue?
— Au régiment.
— Toute seule?

Il me regarda bonnement, mais une tristesse avait passé dans son sourire.

— Trouves-tu la soupe à ton goût? demanda-t-il.

Je rougis et je répondis :
— Je te demande pardon, Vincent...
— De quoi donc? fit-il. Je suis bien sûr que tu n'aurais jamais eu l'idée de vendre le fond de mon cœur pour un peu de réputation ou pour un peu d'argent.

Je dus rougir davantage, car il me tendit la main.

— Mon cas est plat comme une galette, reprit-il, si tu veux le savoir; j'avais de l'orgueil et je n'en ai plus : il n'y a pas là de quoi noircir le quart d'une page. Dieu a choisi les plus grands parmi ses saints pour leur infliger des souffrances à leur taille. Moi, après m'avoir donné tout uniment le fouet comme à un enfant, il m'a pris par une oreille pour me ramener dans sa maison. Je suis un petit homme, j'ai eu de petites peines.

Il était pâle. Il ajouta tout bas :

— Juste ce qu'il faut de peines pour demander ma consolation à l'infinie bonté de Dieu et l'aimer par-dessus toutes choses.

Puis il lampa coup sur coup une demi-douzaine de cuillerées de soupe et reprit :

— Es-tu marié ?

— J'ai trois beaux enfants, répondis-je, et bons.

Tout son visage s'éclaira de la sérénité qui était dans son âme, et il dit :

— C'est moi qui fais le catéchisme. Ah ! les enfants ! les chers enfants ! Je suis bien heureux ici.

Je pense qu'il vit du respect dans mon regard, car il me tendit la main en ajoutant :

— Au fond, tu es un brave garçon, Louis, mon vieux camarade ; je te donnerai des images pour tes petits.... Qu'est-ce que tu penses de Méto, toi qui gagnes ta vie à observer les gens ?

— C'est une créature extraordinaire, répondis-je un peu au hasard.

Cette fois, il rit franchement.

— Bon ! s'écria-t-il : voilà un de vos mots ! En quoi la trouves-tu extraordinaire ?

— Tout m'étonne en elle, son esprit, son cœur et son corps.

— Vilain corps, cœur où se mêlent le bien et le mal, comme dans ceux de tous les enfants des hommes, esprit hardi, c'est vrai, mais borné et qui chancelle parfois, car je ne lui crois pas une raison bien solide...

— Mais son dévouement si patient, si durable, ses ruses de sauvage, son avarice naïve...

— Elle n'est pas avare du tout.

— Je m'en doutais !.. son courage...

— Il y a des jours où elle a peur de son ombre.

— Par superstition, c'est tout simple, mais j'entends par courage...

Vincent m'interrompit ici pour demander :

— Est-ce que tu as entendu parler de son voyage en Angleterre ?

— Non.

— Elle est partie d'ici une nuit, après la mort de la grand'maman, comme ils appelaient la dernière marquise de Byran, portant son chanteau de pain sous son bras et ses sabots en bandoulière, pendus à une ficelle. Le lendemain matin, elle arriva au Légué, sous Saint-Brieuc. Tu sais la misère qui a entouré la fin de la vieille dame ; Mêlo n'emportait en plus de son pain que dix-huit sous et une petite bague d'argent qu'elle avait eue je ne sais plus d'où. Au Légué, elle a un neveu, son seul parent, qui est pêcheur de congres et n'a jamais perdu de vue la tour de Cesson, non loin de laquelle est la cahutte en pierres roulées où il se retire la nuit comme une bête fauve dans sa tanière. Il sait une cinquantaine de mots, en tout, vingt-cinq français, vingt-cinq bretons, et c'est plus qu'il n'en faut pour exprimer sa pauvre pensée.

Môto est « médecine », ce qui veut dire qu'elle conjure les fièvres, les sciatiques et les fraîcheurs, à l'aide de certaines paroles où j'ai retrouvé les propres formules de la superstition druidique... Ah! ce n'est pas une brebis très-docile, dans notre troupeau, et si nous en avions beaucoup comme elle, le métier de prêtre ne serait pas tout rose, à Saint-Juhel; mais je dois dire que, pour moi personnellement, elle se jetterait au feu. Son charlatanisme, qui est d'ailleurs plein de bonne foi, lui donne une grande influence dans nos campagnes. Elle a guéri une fois M. le maire de Saint-Juhel, qui est un paysan instruit et sachant signer son nom, d'une grande maladie qu'il avait, en lui faisant manger de la soupe de naviaux (navets), dans laquelle avait cuit une peau de couleuvre. La maladie de M. le maire venait d'un *pé d'chât né* (poil de chat noir) qui lui était « entré dans lui, » selon le diagnostic de Mêto, et quand la soupe de navets fut avalée, elle mit ses doigts dans la bouche de M. le maire et en retira un superbe poil qu'elle déclara venir en droite ligne de sa rate (à M. le maire). M. le maire se porte, depuis lors, comme un charme. J'étais là, je n'ai pas vu le poil sortir de la rate, mais j'ai vu M. le maire qui n'avait ni bu, ni fumé depuis une semaine, ni bougé de son lit, ni juré, ni battu, sauter sur ses jambes, battre son monde, allumer sa pipe et sécher ses deux pots de cidre en jurant mieux qu'un païen. Est-ce fort?

Mêto arriva donc au Légué avant le jour chez son innocent de neveu, qui a nom Plenoë, et lui demanda de but en blanc s'il voulait la conduire en la ville de Kaërnarvon, au pays de Galles, en Angleterre, dans son bateau; car si Plenoë n'a ni maison, ni lit, ni armoire, il a un bateau, un beau bateau, sauvé par lui dans les roches, sous l'île de Bréhat. Jamais personne ne viendra le lui réclamer, les anciens maîtres de cette barque étant au fond de l'eau...

— Veux-tu dire que ce Plenoë les a noyés? demandai-je, car j'avais ouï parler des naufrageurs de Bréhat.

— Dieu m'en garde! il n'est pas méchant. Mon observation n'a trait qu'à la philologie. Le mot *sauver*, sur nos côtes, signifie conquérir. On *sauve* tout ce qu'on achète, sans payer, à ce terrible marchand qui a nom la tempête. Plenoé n'est pas éloigné de croire que sa tante commande un peu aux vagues de la mer et que ce fut elle qui lui envoya le fameux bateau par une nuit de tourmente. Il répondit donc à la demande de Méto : « Je veux assez, mais je n'ai jamais ouï mention de ces pays-là, et faudrait savoir la route pour aller. — Çà, çà, dit la bonne femme : v'là une belle drogue! Pas l'embarras! La Bretagne est deci, l'Angleterre deçà. Si tu tournes ton dos (elle dit un autre mot) à la Bretagne, t'es terjoux ben sûr d'arriver à l'Angleterre. Embarque! »

Plenoé n'eut rien à objecter à des paroles si sages. Seulement, il dit encore : « Mon batiau est grand et lourd pour moi. Comment que je ferai à l'patiner tout seul en la pleine mer? — Çà, çà, répondit Méto, je t'aiderai. — Est-ce que vous savez faire l'ouvrage de matelot, vous, ma tante? — Je sais tout, et puis, c'est moi qui t'ai envoyé ton batiau par mes prières; si tu ne veux pas, je vas monter dedans et aller tout par moi où j'ai affaire d'aller. »

La discussion se termina là. Plenoé mit dans sa barque deux pains de munition qu'il avait ous pour du poisson à la caserne de Saint-Brieuc, et trois congres fumés, espoir de son hiver. On appareilla. J'ai oublié de te dire qu'outre ses sabots Méto avait avec elle un petit paquet contenant une chemise, un mouchoir de Chollet — et des papiers. Beaucoup de papiers. C'était le principal du paquet.

Le bateau de Plenœ n'était pas en très-bon état. Le gouvernail en était rattaché avec des ficelles et il n'avait qu'une guenille de voile si usée, si percée, qu'on en aurait pu faire un sas à sasser les châtaignes. Ça ne fait rien, le vent passait à travers, c'est vrai, mais il en restait bien toujours un petit peu, et Méto disait des *prières*. A qui? Pour bonne chrétienne, elle l'est, j'en réponds, et peut-être qu'elle vaut mieux que nous; mais je réponds aussi qu'elle a gardé des accointances avec les anciens dieux que saint Convoyon, apôtre de la Bretagne, chassa du cœur de nos rois et du tronc de nos chênes. Quand il le faut, elle sait les faire marcher au doigt et à l'œil.

Il y avait bien cinq cents à parier contre un que, gréés comme ils étaient, Méto et son neveu se mettaient en route pour leur pauvre mort, car c'est loin de Saint-Brieuc, le pays de Galles, surtout quand on ne connaît pas bien la route;

mais la bonté de la Providence est grande, et si Méto, ma pénitente, a de gros péchés sur la conscience, elle a de bonnes œuvres aussi que je voudrais bien me connaître au fond de mon sac. Le voyage se fit droit et doux comme si l'on avait été sur le canal de Nantes à Brest, et le quatrième jour au matin, Plenoë ayant aperçu les îles Sorlingues, dit tout uniment :

— Ma tante, v'là la chose ; paraît tout de même qu'on est arrivé.

— C'est sûrement bien heureux pour nous, répondit Méto, car, à tenter la grande iau de la mer, on ne sait jamais ni qui vit ni qui meurt. M'est avis que le clocher, là-bas, c'est l'église de Kaërnarvon ; pique dessus, si c'est un effet de ton amitié pour moi. Je suis ben aise d'avoir vu la terre d'Anguelterre dont j'avais ouï parler souvent et souvent.

A tout prendre, ce n'était pas un bien grand miracle ; quand on passe l'eau, il faut bien aborder quelque part, et la traversée de saint Joavan, quittant la côte d'Irlande sur un « quartier d'écueil » pour « surgir » en vue d'Audierne, comme dit la Chronique d'Albert Legrand, et devenir évêque de Léon, est bien plus étonnante que cela ; mais tu conviendras, à tout le moins, que Méto et Plenoë, avec la boussole qui les guidait, auraient tout aussi bien pu arriver en Australie, en y mettant le temps.

Tomber juste sur le clocher de Kaërnarvon, parmi les trente mille clochers des Trois-Royaumes, ç'aurait été aussi trop de réussite! La tour qu'ils apercevaient ainsi, après avoir laissé les îles Sorlingues sous le vent, était celle de l'église de Penzance... un nom breton, hé? Il y en a d'autres aux environs : un peu plus loin, c'est Saint-Yves, et Penryn, et Penhor, et Trégony... On se croirait dans l'évêché de Quimper!

C'est le pays de Cornouailles au delà de la mer. On y parle breton comme aussi dans la principauté de Galles, qui est l'apanage des héritiers de la couronne d'Angleterre. J'irai voir ces rivages-là avant de mourir, s'il plaît à Dieu, par amour pour notre langue d'Ar-Mor. Le sang de nos pères Gaëls coule dans les veines des montagnards de Morgan et des matelots de Bangor. On dit que le peuple se souvient encore là-bas des chevaleresques victoires remportées par le Gaël Owen Glendour sur ce ramassis de Saxons et de Normands qui obéissaient aux rois de Londres...

Mélo et son neveu abordèrent, sous la tour, grise comme un écueil, à un môle qui semblait bâti par des géants avec des morceaux de montagnes cassées. Ils reconnurent les bigornaux, les moules et les béniques collées à ces grandes pierres et qui étaient les propres coquillages de la baie de Saint-Brieuc : tous bretons, il n'y avait pas à s'y tromper.

— Holà, l'homme ! cria Mêto à un gros mylord qui avait les cheveux rouges, la barbe aussi, et aussi la figure, à l'exception du nez qui était violet : c'est bien ici Kaërnarvon, n'est-ce pas, sans vous commander ?

Le gros mylord était en train de compter ses caisses de vin, venant de Bordeaux, ma foi ! et qui lui arrivaient pour son commerce. Il répondit : « *J don't know* », qui est le *Nantan ket* des Angliches. Et c'était encore bien de la bonté de sa part, car ordinairement les Angliches ne répondent rien du tout, ayant la politesse des bogues de châtaignes. On pense ainsi d'eux à Saint-Juhel, et qu'ils sont tous de la couleur des vaches.

Mêto n'avait pas songé à cela : qui donc s'avise de tout ? « Misère d'accident ! se dit-elle, voilà que je ne sais pas le jargon qu'ils parlent dans ce pays-ci ! » Plenoë, qui était de mauvaise humeur, lui répondit en bas-breton : « Il est bien temps d'avoir cette idée-là, ma tante ! » Aussitôt qu'il eut parlé, voilà que tous les ouvriers et matelots qui déchargeaient les caisses se retournent pour le regarder, disant : « Ce vilain gars-là est bien sûr de la paroisse de Trégony ! et aussi cette laide vieille ! »

Ils disaient cela aussi en breton, mon copain Louis Durand, auteur de cent volumes dans lesquels il y a une demi-douzaine d'honnêtes pages... en pur breton bretonnant de Bretagne, qui sonnait comme le grasseyement d'un moulin à café broyant des cailloux ! Tu penses si notre Méto fut bien aise ! Elle répéta sa question, cette fois dans la langue du grand saint Corentin, et ajouta :

— Mes amis, je viens de loin à travers la mer pour parler avec un Anglais qui s'appelle M. John Byran de Byran, demeurant à Wealthycastle (Châteauriche), au pays de Galles, de la part de Marie-Marguerite de Coatmeur, marquise de Byran, qui est morte en sa maison de Châteaupauvre, au pays de Cornouailles de Bretagne, dans l'évêché de Saint-Brieuc.

Le gros Angliche avait fini son ouvrage et s'en allait les mains derrière le dos. Il s'arrêta, se retourna, mit son lorgnon d'or à cheval sur son nez violet, regarda Méto attentivement et dit aussi en breton :

— C'est moi, John Byran. Pourquoi diable venez-vous me chercher ici à cent lieues de chez moi ?

Méto ne comprit pas bien, puisqu'elle se croyait à Kaërnarvon, mais tu sauras que notre langue se parle là-bas tout le long de la côte, depuis Penzance jusqu'à Bangor. Il nous est venu de là, jadis, des rois et des saints ; nous y envoyons maintenant des fraises, du beurre et des petits pois. Méto répondit :

— On est venu comme on a pu, il n'y a pas d'écriteau le long de la route. On savait que vous demeuriez en Angleterre, on a vu un bourg, on s'est dit : Ça doit être ici, puisque c'est l'Angleterre. Si l'on s'est trompé de cent lieues, c'est beaucoup, mais tout est bien, du moment que ça se trouve que vous voilà, et je suis vot' servante qui vous salue avec vot' gardien, monseigneur, de tout mon cœur.

Le gros brave homme d'Anglais était revenu sur ses pas jusqu'au môle. Il semblait indécis et demanda conseil à un flacon clissé de forme plate qu'il portait dans la poche où l'on met d'habitude son portefeuille. Ce flacon était de bonne taille et contenait la couleur de son nez. Il but un large coup et reprit :

— J'ai reçu des lettres, plusieurs ; j'ai entendu parler de tous ces gens ruinés, beaucoup. Il est certain que Roderick Byran de Byran était mon grand-oncle et qu'il passa en France après avoir tué Sa Grâce le duc de Newcastle dans des circonstances fort extraordinaires et qui ne sont pas un déshonneur pour sa famille... Avez-vous les papiers, bonne femme?

Môlo tapa sur son sac et répondit :

— Là-dedans, tout est paperasse, excepté une chemise et un mouchoir.

— Alors, arrivez, dit l'Angliche. Le temps est de l'argent. Plus tôt nous aurons fini, plus tôt je verrai vos talons.

C'était bien le grand John Byran de Châteauriche! Ce nom-là n'a pas l'air de produire sur toi un foudroyant effet. Je n'en avais jamais entendu parler non plus, mais cela prouve notre ignorance, et voilà tout. Ce Byran-là a quatre maisons de commerce dans les comtés de l'Ouest, une maison à Londres et une maison à Bordeaux. Il fournit de claret un bon quart de la population noble de l'Angleterre. En partant de ce merveilleux principe : « Le temps est de l'argent », qui tend à remplacer chez les peuples sages toutes les philosophies et toutes les religions, chacune des heures de ce gros homme vaut une de tes années à toi et toute ma vie à moi..... Et tout l'argent qu'il a gagné, amoncelé en tas, ne vaudra pas pour lui une minute de temps perdu le lendemain du jour où sa dernière attaque d'apoplexie aura pâli son nez pour l'éternité !

Vincent Prévôt s'était un peu échauffé pour dire cela.

— Bravo ! m'écriai-je. J'irai t'entendre prêcher. Tu me rappelles le père Bridaine, mais moins charitable.

— Le père Bridaine, me répondit-il, n'est joli qu'à la cour. Et pourquoi serais-je plus bête qu'un Parisien, puisque je réfléchis davantage ? Ils croient faire un compliment au temps en le comparant à l'argent ; ils n'y connaissent goutte ! Le temps est de l'or, du diamant, puisqu'il peut acheter le ciel. Les Américains, ce « jeune peuple », comme disent les graves et ennuyeux bébés de votre littérature politique, ce peuple vieillard plutôt et décrépit déjà dans sa force, les Américains vendraient les hommes et Dieu pour un sou, mais ils n'ont pas encore inventé (eux qui inventent tout !) le moyen d'emporter un seul de leurs dollars dans l'autre monde ! Tu m'as dit que tu étais chrétien, et tu me l'as dit selon la propre formule du catéchisme : à quoi bon te prouver que la vie de ces implacables spéculateurs n'est qu'un commerce imbécile, voué fatalement à la banqueroute de la mort ?... Revenons à l'Anglais rouge. Tout dépend des milieux. Le romancier le plus habile gagnerait difficilement son pain à Saint-Juhel où l'on ne sait pas lire. Les Byran de Bretagne s'étaient ruinés dans le commerce; dans le commerce, les Byran d'Angleterre étaient devenus archimillionnaires; je n'ai pas imaginé l'emblème fortuit de ces deux noms : Châteauriche et Châteaupauvre; c'est l'histoire. En Angleterre, les gentilshommes peuvent acheter pour revendre, parce que là-bas le temps est de l'argent, l'honneur aussi, et tout. En Bretagne, dès qu'un gentilhomme touche au commerce, il est tordu. Pourquoi ? Il y a du bon et du mauvais dans les causes de ce phénomène. Le mauvais, c'est notre ignorance. On a honte de savoir, en Bretagne, honte et frayeur. On n'y aime pas ceux qui savent. Le bon... Ah ! mon copain, tu le connais, le bon ! Moi, j'ai idée que le bon ferait mieux de s'instruire, de se remuer, de se défendre. Dieu récompense l'abnégation, c'est vrai, mais ces vieux agneaux regrettent la laine de leur dos qu'ils ont laissé tondre. Ils ne sont pas résignés du tout, et au fond de leur bêlement paresseux il y a presque autant de rancune que d'impuissance.

John Byran, que nous avons rencontré là si bien à point, était arrivé sur cette côte sauvage le matin même, venant de sa maison d'Exeter, pour veiller au sauvetage d'un navire à lui chargé de vins qui avait touché sur les roches de Penzance, et il devait repartir le soir. Il emmena Méto au cabaret où il campait, pendant que Plenoë gardait la barque.

Il paya à boire et à manger et feuilleta les papiers. Tout en lisant, il disait :

— Bien ! Très-bien ! Mais qu'est-ce que cela me fait ?

A la fin, Méto se crut interrogée et répondit :

— Cela vous fait qu'il y a là-bas deux chères jeunes créatures qui n'ont plus au monde que vous !

John Byran la regarda à travers son lorgnon d'or et dit :

— Alors elles n'ont rien, les créatures, et que le diable les emporte, s'il veut !

Puis il se mit à rire du fond de la gorge, pensant tout haut :

— Je suis bien sûr de n'avoir jamais vu une si laide sorcière que cette vieille femme, et cela vaut, en vérité, mes dix minutes perdues !

Méto fut tentée, c'est elle qui me l'a dit, de prendre la cruche où était l'ale et de la lui écraser sur la face.

— Je n'aurais point eu raison, ajoutait-elle en

me faisant son récit, car sûrement que ça l'aurait fâché. Ne faut jamais se violenter d'avec le monde de qui qu'on a affaire et besoin. L'Angliche-là n'était point mauvais, dans le fond du fond, pour un Angliche, et se levit tout debout, bien réveillé d'attention, dès que je lui eus dit :

— C'est vrai que les deux chéris sont plus pauvres que des cherchoux de pain à mes'hui, mais vous pouvez les rendre riches et encore vous payer un fort prix de vos peines, puisqu'ils sont, elle et lui, les uniques héritiers du trésor de la grande argicin !...

Vincent allait continuer, mais je l'interrompis pour dire :

— Il y a donc un trésor?

— Comment! fit Vincent, elle ne t'en a pas même parlé?

— Pas le moins du monde. Quel trésor?

— Le trésor du *Dormi-qui-va*, parbleu ! je te croyais plus avancé que cela et je vois que Mélo m'a laissé de l'ouvrage à faire pour gagner ses quarante sous !

VIII

C'était une jolie matinée d'automne. Le soleil riait aux carreaux poudreux au travers desquels nous apercevions le troupeau des nuages blancs qui moutonnaient au ciel. De l'autre côté du mur, les bestiaux clapotaient lourdement dans la boue du chemin, descendant vers les pâturages. Pas un bruit ne venait de la ferme. A l'heure du travail des champs, les maisons des paysans sont comme mortes. L'abbé consulta sa montre, puis il prit son chapeau.

— J'ai un malade à voir, me dit-il, viens avec moi, je te montrerai l'héritage de Méto.

— L'héritage de Méto! répétai-je avec surprise : Méto a un héritage!

— Oui, je ne sais plus lequel des Byran ou des Coatmeur lui fit une fois donation entre vifs, par devant notaire, s'il vous plaît, d'un bout de lande, éventré à son centre qui ressemble à une perrière. Ce don fut fait au moment où l'on vendait la propriété qui enclave de tous côtés ce terrain complétement improductif. Fais bien attention à cela, c'est curieux. Une des grandes raisons qui enracinent dans le pays tout entier l'idée qu'un trésor existe, c'est précisément cette donation, contemporaine de la vente. On se demande quel put être le motif d'un pareil don, sinon la volonté de soustraire ce lieu aux conséquences de la vente.

Et pourquoi cette volonté de garder précisément un lieu où la terre ne rapporte rien, si quelque circonstance particulière ne donne pas à ce coin de lande une valeur cachée?

Ce ne sont pas seulement les paysans qui raisonnent ainsi. Les Hervageur ont recueilli chez eux la petite Rosaxe et sollicitent sa tutelle en justice. Or, elle n'a rien, en apparence, et les Hervageur, mari et femme, sont incapables de rien faire pour quelqu'un qui n'a rien.

— Alors, tu crois?... voulus-je demander.

— Je ne dis pas cela : croire est un mot beaucoup trop fort. Je pense qu'au moment de la vente les vendeurs avaient quelque idée que le trésor pouvait être là, et que le notaire a connu ou deviné cette idée.

— Et tu crois au trésor lui-même?

— Pour cela, oui, puisque j'en sais l'histoire.

Nous étions dans la cour de Châteaupauvre ; en levant la tête, je vis que la croisée de notre chambre à coucher était ouverte toute grande. J'appelai Edmond pour lui dire que nous partions et lui demander s'il voulait être de notre promenade ; mais la Fanchune qui passait avec ses vaches me cria du bas de l'aire :

— H'est à guetter guettant qu'il guette, guette ! Ah ! dame ! pour guetter c'qu'est *son à lui*, un chacun a des yeux jusqu'à par-dessous la couenne de ses pieds !

Cela voulait dire qu'Edmond était sorti pour visiter sa propriété. Et certes, on ne saurait employer des expressions trop vigoureuses pour peindre l'ardeur des premières caresses échangées entre un acquéreur et le bien qu'il a eu pour son argent. Vincent envoya un bonjour très-amical à la Fanchune ; il était content d'elle, et vous allez voir pourquoi.

— Je te défie, dit-il en passant son bras sous le mien, de me traduire cet admirable portrait du propriétaire en français de Paris ! Le vois-tu faire sa ronde de nouveau seigneur ? Examiner chaque sillon, chaque arbre, chaque clôture ? Quelle force ! Quelle passion ! Quelle intensité de couleur ! « Pour guetter c'qu'est son à lui !... » C'est de la grande poésie !

— Crois-tu que je ne connais pas ton patois ? répartis-je : il m'est arrivé vingt fois d'en jouer dans mes livres...

Il me lâcha le bras si brusquement que j'eus la parole coupée.

— Tais-toi ! s'écria-t-il, ne me fais pas souvenir de cela ! J'ai entendu causer tes prétendus Bretons et je me tiens à quatre pour ne pas t'accabler d'outrages. Il y a de tes confrères qui parlent paysan gauchement et niaisement par la simple raison qu'ils ne savent pas, mais toi qui es un paysan, toi qui sais, n'es-tu pas cent fois plus coupable ? Les deux langues de ce pays-ci, le breton et le gallo, sont deux bijoux sans prix. Homère lui-même eût été plus poëte, s'il avait eu le *Vrezonnec* à sa disposition, et vois, mesure l'opulence de Rabelais qui n'est déjà pourtant qu'un corrupteur de notre merveilleux langage ! Il l'inonde de pédantisme, ce qui était la maladie de son siècle. Vous autres, — je parle surtout de toi, sans néanmoins te comparer à Rabelais, malgré tout le désir que j'ai de t'être agréable, — vous autres, dis-je, le pédantisme ne vous gêne pas, car il suppose un bout de science; mais vous partez de ce déplorable principe qu'il faut être compris...

— Dame... voulus-je dire.

— Tais-toi ! Quand on désespère de se faire comprendre en parlant une langue, on ne la parle pas, voilà tout. Admettrais-tu qu'on glissât du parisien dans Shakespeare pour le rendre intelligible aux pommadins de ton boulevard? Trufferais-tu Horace avec des « mots » du Palais-Royal? ou pour serrer la question de plus près encore, laisserais-tu volontiers quelque idiot *amender* la langue de Marot en y fourrant des tranches de patois, coupées dans l'abbé Delille!...

— Miséricorde ! m'écriai-je : tu veux dire la langue de Delille et le patois de Marot ! Tu seras brûlé comme hérétique !

— Tais-toi ! J'ai consulté là-dessus mon évêque qui m'a répondu : « En fait de philologie vous pouvez être encore plus absurde que cela sans mériter la moindre censure, mais ne vous adressez pas à l'Académie ! » J'ai donc de par mes supérieurs le droit de te dire : C'est nous qui avons la langue, c'est vous qui balbutiez le patois. J'aime le latin, j'adore le grec, mais je méprise la mixture de grec et de latin qui vous sert à allonger vos alexandrins de tragédies.

— Ah çà ! tu es donc un romantique enragé, Vincent !

— Un romantique !... Il s'agit bien de pareilles bagatelles ! L'école n'est rien, la langue est tout. Je suis conquis ou je suis conquérant, pas de milieu. Si je suis conquis, je parle breton, langue des vaincus ; si je suis conquérant, je parle gallo, langue des vainqueurs à l'époque de la conquête, je te défie de sortir de ce dilemme... C'est bien assez qu'on tolère le français pour ceux qui en ont l'habitude, en considération de Bossuet et de Corneille !

Il était rouge comme une poignée de graines de houx, mais quand il vit que je le regardais avec consternation, il éclata de rire et me reprit le bras en disant :

— Au fait, tu ne sais pas, je suis homme de lettres, moi aussi ; j'ai publié un ouvrage à Loudéac. Il s'en est vendu sept exemplaires. Je te le donnerai. Dans le pays, c'est moi le linguiste, l'historien, l'antiquaire ; j'en sais vraiment assez long, tu verras... Où en étions-nous ?

— Au trésor, répondis-je, et au dormi-qui-va.

— Nous n'avons plus que dix minutes de chemin d'ici jusqu'à l'héritage de Môto, et il faut précisément que je te dise, en route, l'histoire du premier dormi-qui-va.

— D'abord, qu'est ce que c'est? Un somnambule?

— Tiens! tu as deviné?... Oui, le fond de toutes les histoires qui ont trait aux anciens maîtres de Châteaupauvre, car il y a plusieurs histoires, c'est que les Byran, de père en fils, sont somnambules.

— Je crois, dis-je, que j'en ai vu un échantillon hier au soir.

— Qui ça, Guy?

— Non, Rosane.

— Ah! cher petit ange! murmura Vincent dont la voix eut soudain une inflexion attendrie : quand même on déterrerait les millions, son sort est fixé sur la terre et dans le ciel.

— J'espère que personne ne la contraint?... commençai-je.

Vincent me regarda tout étonné.

— A quoi? demanda-t-il.

Puis, se reprenant et riant :

— Ah! je comprends, fit-il : c'est encore un mot de vos livres. Vous vivez de vieux rogatons philosophiques et vous ressassez sans méchanceté toutes les calomnies surannées, niaises mais fortes comme des préjugés. Vous croyez ou vous faites semblant de croire qu'on peut contraindre une jeune fille à entrer en religion....

— Il s'agit donc bien du couvent ? m'écriai-je.

— Oui, mais il ne s'agit pas de contrainte, d'abord parce que la contrainte est impossible, ensuite....

— Alors, pourquoi la plains-tu ?

— Parce qu'elle est à plaindre tout à fait, sans que le couvent y soit pour rien. Personne au monde n'a intérêt à l'y mettre, ni désir de l'y pousser, au contraire. Si j'ai dit : « Cher petit ange ! » c'est que c'est un ange, en effet, un ange du bon Dieu, mais qui court la nuit....

— Endormie ?

— Oui.... Ensorcelée plutôt, car elle accomplit en dormant des tours de force impossibles. Le mois passé, quand l'Oust était débordée, on la voyait arriver à la ferme au milieu de la nuit....

— Pour quoi faire ?

— Pour voir son cousin Guy.

— Le petit « veau de vicomte » ?

— Ils ont été élevés comme le frère et la sœur... Ils restent seuls de toute leur famille...

— Et tu vois un danger ?

— Du côté de Rosane, non. Quant à Guy,

comprends-moi bien, je n'ai pas défiance. C'est un petit chevalier... mais un petit sauvage aussi. Du reste, tout cela va finir.

— Et ce ménage Le Hervageur ne pouvait-il faire meilleure garde autour de Rosane?

— Le ménage Le Hervageur, répondit Vincent, n'a jamais, que je sache, commis d'autres péchés que ceux qu'on balaye au tas dans les boutiques : petites rapines, petites trahisons, petites médisances qui deviennent quelquefois, quand on les additionne avec soin, de grosses calomnies ; mais le ménage Le Hervageur voulait la tutelle. Il veut bien ce qu'il veut. Il n'a pas souvent de domestique, tu sais, mais il n'est jamais sans avoir un agent de nuit, un espion qui se nomme Chinot Blaud et qu'on appelle le Bancal...

— J'ai entendu parler de celui-là ! dis-je vivement.

— Alors, tu as entendu parler d'un coquin. Le Bancal espionnait et clabaudait partout, colportant de méchants propos sur notre petite Rosane, et il est bien sûr que les Le Hervageur auraient fini par avoir, rien que pour ces courses nocturnes, la tutelle qui donne, au moins, droit de surveillance sévère, car ils disaient toujours : « Si la loi nous donnait des droits... » Et tout cela pour une chère petite sainte, dont l'âme est candide comme la neige.

— Oh! fis-je, j'en mettrais ma main au feu!

Il me regarda en riant.

— Romancier! murmura-t-il. Tu as raison, mais tu pourrais aussi bien avoir tort... Voyons! à mon histoire! Il y avait donc une fois, à Kaërnarvon, vers l'année 1740, ou un peu auparavant, un gentilhomme de race gaëlique qui se nommait Roderick Byran de Byran et qui étoit puissamment riche. Il avait une femme bonne et belle... Sais-tu la différence qui existe, en Angleterre, pays libre, entre un homme du commun et un gentleman?

— Oui.

— Entre un gentleman et un nobleman?

— Oui, ne t'inquiète pas.

— Entre un nobleman et un duc?

— Oui, cent fois oui!

— Moi, je ne peux pas m'en faire l'idée, tant on dit que c'est étonnant!

— C'est plus qu'étonnant, m'écriai-je, c'est révoltant; mais cela n'empêche pas les Anglais de railler, à plat ventre qu'ils sont devant leurs lords, l'esclavage prétendu des autres nations...

— Très-bien!... Au temps dont je te parle,

Sa Seigneurie William Cavendish, fils aîné de Sa Grâce mylord duc de Newcastle, gouvernait pour le roi Georges II trois comtés du pays de Galles et tenait une manière de cour à Chester. Son père étant venu à mourir, il devint duc à son tour, c'est-à-dire dieu, et chacun s'attendit à le voir quitter sa charge, sorte de grande préfecture qui semblait être désormais fort au-dessous de sa dignité nouvelle. Sa mission, d'ailleurs, qui avait eu pour prétexte quelques troubles soulevés par la *presse* des marins dans l'intérieur, était devenue sans objet.

Il resta, néanmoins, et tout le monde s'en étonna, excepté Roderick Byran de Byran, qui avait remarqué les assiduités du nouveau duc auprès de sa jeune femme. Celle-ci était une très-vertueuse lady, néanmoins Roderick tomba jaloux à tel point qu'il en perdait le boire et le manger. Si William Cavendish eût été un simple homme, Roderick lui aurait fendu le crâne d'un revers de sa bonne épée galloise ; mais William Cavendish était un duc : Roderick se résolut à vendre tout son bien et à passer en France. Je suis un ministre de paix et ne puis qu'approuver pareil dessein, d'autant qu'à mes yeux il est aussi criminel de fendre le crâne d'un duc que le crâne d'un mendiant.

Mais voilà que le nouveau duc, sans savoir dans quel but Roderick vendait ainsi ses domaines, se rendit acquéreur de son principal château; cela le fit voisin de la belle lady qui s'appelait Azenor, comme la légendaire princesse de Léon, mère de notre grand évêque de Dol, saint Buddoh. Ayant acheté ce château, mylord duc y vint fixer sa demeure. Roderick, qui habitait un manoir aux environs, ne se plaignit point; seulement il pressa les préparatifs de son départ. Un navire, frété par lui, attendait dans le port de Bangor, tout prêt à le recevoir avec sa famille et ses serviteurs.

Par un triste soir d'automne, Azenor était agenouillée devant son prie-Dieu. Elle pleurait son pays, ces noires plages du canal Saint-Georges, plus tempêtueuses encore que nos grèves d'Armor, et les belles prairies si vertes autour de la ville insulaire de Beaumaris, quand seulement un sourire du soleil passait entre deux nuages, et Glenillis, la riante vallée, et le mont Byran, sourcilleux comme le front des vieux druides sacrifiant jadis des victimes humaines sur la table de pierre qui en couronne le sommet fourchu.

Elle entendit au dehors, dans le vent qui plaignait, un grincement d'acier : un seul, et un cri, rien qu'un.

Avant ni après ce bruit et ce cri, rien. Azenor resta un bon moment immobile et tremblante, puis elle saisit sa lampe et entra dans la chambre de son mari. Roderick dormait, étendu tout habillé sur sa couche, et debout, la pointe en bas, son épée s'appuyait au mur, toute rouge de sang frais, qui dégouttait sur les dalles.

C'était le lendemain qu'on devait partir. Au lieu de se mettre au lit, Azenor ouvrit sa croisée et baigna dans l'air froid du dehors son front qui brûlait. Le vent soufflait de la mer et apportait les grands murmures du large. Le ciel n'avait point de lune. Sous la fenêtre d'Azenor était la douve, et au delà une allée où elle faisait répandre par ses serviteurs le sable blond des grèves prochaines, pour sa promenade de tous les jours. Sur l'or de ce sable quelque chose de long et de noir était étendu.

Azenor se pencha et ne put voir. Les lentes heures de la nuit passèrent l'une après l'autre; Azenor les compta. La première lueur de l'aube descendit, indécise, et sur le sable clair, Azenor, peu à peu, distingua dans la masse longue et noire la forme d'un homme endormi, ou mort.

La lueur mit du temps à se faire lumière, mais enfin, une figure, peu à peu encore, sortit de l'ombre : un jeune homme dont la tête pâle était renversée sur un oreiller de cheveux blonds bouclés. Azenor reconnut Sa Grâce le duc de Newcastle et pleura, car c'était un spectacle digne de larmes. Jusqu'ici la légende ressemble à toutes les autres : écoute la fin.

Azenor rentra dans la chambre de son mari qui toujours sommeillait. Elle prit l'épée sanglante ; elle la lava, elle la fourbit et la remit brillante au fourreau. Puis ses lèvres plus pâles que celles du mort effleurèrent le front de Roderick qui s'éveilla :

— Avez-vous eu un repos tranquille, ami de mon cœur? demanda-t-elle.

— Non, répondit Byran, j'ai rêvé que j'étais juge et que je châtiais un criminel. Or, punir le crime n'appartient peut-être qu'à Dieu, notre Seigneur. Pourquoi pleurez-vous, ma chère âme?

Azenor essuya ses larmes et répondit:

— Je pleure du chagrin que j'ai de quitter ma patrie. Il est l'heure de nous mettre en route, allons !

— Allons ! répéta Roderick, car je vous aime bien, ma dame, et ce que j'ai fait en rêve pourrait devenir une réalité, si je restais dans le pays de mes aïeux.

Ils partirent. Ils abordèrent à Saint-Malo. Roderick acheta le beau château de Lorges. Il n'apprit que longtemps après la mort de son ennemi, et ne sut point comment son ennemi était mort. Tiens! nous voici arrivés à l'héritage de Méto Lecouin. C'est ici, regarde.

Vincent Prévôt s'arrêta devant une de ces pièces de terre non closes, si communes en Bretagne à l'embranchement des chemins, et qu'on appelle « pâtis » ou bouts de lande selon la nature de leur sol. D'ordinaire elles ont peu d'étendue, mais celle-ci était grande et produisait des ajoncs dans la partie qui bordait le chemin.

Au centre, se trouvait une très-profonde perrière dont le creux retenait l'eau des pluies. Cette mare était entourée de ronces, d'épines blanches et de prunelliers qui formaient un inextricable fourré, rejoignant le talus du champ voisin au-dessus duquel des chênes tordus et branchus s'inclinaient.

— C'est de ce trou, me dit Vincent, qu'on a tiré les « pierres de grain » ou granit qui bâtissent Châteaupauvre.

— Et c'est là que serait le trésor? demandai-je.

— Les malins le disent, mais on a fait déjà de nombreuses fouilles, au dire des vieux de la paroisse, du temps de la « bonne dame » qui est morte longtemps avant la « grand'maman, » et jamais on n'a rien trouvé. Ce qui est sûr, c'est que l'*avarice* de la pauvre Môto, pour employer ton langage, n'a pas d'autre mobile que l'ardent, le passionné besoin de retourner ce terrain de fond en comble pour y trouver le « grand argiein » du dormi qui-va, lequel changerait en richesse la pauvreté des deux petits qui sont tout son cœur: la chérie Rosane et le « viau de vicomte. »

Ce qui est sûr encore, c'est que l'Angliche au nez violet, négociant en vins de Bordeaux, a quitté ses affaires pour voir à entamer ces fouilles.

— Tu crois qu'il n'est pas venu un peu pour les deux petits?

— Ah! si fait! il paraît même que c'est un très, très-brave gentleman. Au fait, je ne t'ai pas dit comment se termina son entrevue avec Môto au cabaret de Penzance. Il lui rendit les papiers, but un large coup à son flacon plat et prit des notes sur un grand carnet qui habitait la même poche que la bouteille. Après quoi, il dit à Môto:

— Je vous ai donné ce qui se pouvait de mon temps, la vieille, et même un peu plus. Retournez d'où vous venez et attendez de mes nouvelles. Les deux créatures sont à moi par le sang, et s'il y a du bien sur terre ou dessous, qui leur appartienne, on fera ce qui est dû. Portez-vous bien.

Méto lui ayant fait observer qu'avec son bateau et le pilote qu'elle avait il lui serait difficile de retrouver sa route, il appela un des matelots buvant dans la salle commune et lui demanda combien il prendrait pour le passage de Méto, sur son sloop qui allait et venait de Bretagne au cap Lizard, portant du charbon, rapportant des petits bœufs, de la toile et des choux. Le marin dit son prix, l'Anglais paya, mais il ne donna pas un liard en plus à la bonne femme, et lui tourna le dos pour courir à ses affaires.

Elle revint donc bien à son aise sur le sloop, avec le bateau de Plénoë, suivant par derrière à la traîne. Depuis lors, elle n'avait plus jamais entendu parler de l'Angliche et commençait à thésauriser des sous pour attaquer par elle-même le fond de la perrière, quand cette nuit même un message est arrivé. L'Angliche est à Saint-Brieuc pour je ne sais quelle grande affaire de commerce et il veut voir les deux chéris. Son ultimatum est posé d'avance. Rosane passera quelques mois auprès d'une certaine lady Byran de Byran, très-généreuse personne, très-romanesque, très-exaltée et qui fait en grand la propagande des « bonnes Bibles ; » on essaiera, bien entendu, de la convertir à la « foi protestante, » et en cas d'insuccès, Rosane sera sœur de charité, si elle veut : ce n'est qu'une fille, on ne tient pas à elle autrement, mais Guy, — Châtiau que tu vis hier au soir à la cuisine, — doit être exporté en Angleterre pour tout de bon. Il paraît qu'on manque de Byran mâles au pays de Galles. Châtiau sera placé dans une grande université à Oxford ou à Eton et les docteurs auront de l'ouvrage avec lui, car il tue un lièvre à balle rose, sur la lande, à trois cents pas, c'est vrai, mais il ne sait pas beaucoup plus le français que l'anglais, et c'est à peine s'il peut lire sa messe dans le vieux paroissien de « Monsié-vicomte, » son père. Enfin, les docteurs feront ce qu'ils pourront. Le jour de ses vingt ans, en présence d'une « commission, » composée de trois Français et de trois Anglais, présidée par M. Byran de Châteauriche (qui a une jolie petite fille, destinée à être nubile en ce temps-là), on demandera à Guy s'il veut servir la reine Victoria, embrasser le protestantisme, épouser la petite miss et être millionnaire, ou bien s'en revenir à Saint-Jubel tirer à la conscription française avec vingt-cinq schellings dans sa poche. C'est original, hein ?

— Ah ! m'écriai-je, si Rosane n'était pas pour être religieuse, le choix de Guy ne serait pas douteux !

— Sans doute, mais Rosane est pour être religieuse, car je ne crains pas pour elle les séductions de la dame aux Bibles. J'ai éprouvé moi-même la vocation de Rosane, qui est née, à la vérité, d'une circonstance très-étrange, et je l'ai contrariée dans une certaine mesure à cause de cela, mais cette vocation est désormais sa vie même, et rien, tu m'entends, rien au monde ne pourra la lui arracher du cœur.

Je dois avouer que la vocation m'intéressait moins que le reste. Je demandai :

— Mais le trésor? L'Anglais va-t-il entamer les fouilles?

— Nous allons savoir ça au retour de Méto, me répondit l'abbé. Il n'y avait pas un mot du trésor dans le message de cette nuit.

— Voyons, Vincent, dis-je, mon ami Vincent, tu racontes comme un ange, mais il y a là-dedans bien des points qui demandent à être éclaircis. D'abord, en ce qui concerne ton dormi-qui-va, son accès de somnambulisme arriva si fort à propos, si fort, si fort...

— Que veux-tu que j'y fasse?

— Je veux savoir ton idée. Crois-tu que ce brave Gallois de Roderick fût vraiment en état de sommeil anormal, quand il passa son épée au travers du corps de son illustre rival?

— Je crois, me répondit Vincent, qu'Azenor était une sainte femme, le duc un très-beau lord, peu gêné par la morale, et Roderick un gentilhomme campagnard très-ombrageux. En présence de cette réunion de circonstances, il me paraîtrait vraisemblable que le coup d'épée fut donné de bonne volonté, et même avec plaisir, si toute une série de faits subséquents dramatiques et très-curieux ne prouvait jusqu'à l'évidence que tous les descendants de ce Roderick furent des dormis-qui-vont de l'espèce la mieux caractérisée.

Je ne peux pas cacher qu'il me mettait l'eau à la bouche ; j'aime les histoires de somnambules.

— Il y a encore une chose qui me gêne, dis-je pourtant, au point de vue du trésor même et de la possibilité de le retrouver soit dans ce trou, soit ailleurs. J'en vois bien l'origine : c'est le prix des biens vendus par Roderick ; je vois bien cette grosse somme s'embarquer à Bangor, passer la mer et arriver en Bretagne avec Roderick, mais une fois là, le trésor n'existe plus, puisqu'on l'employa à payer l'immense domaine de Lorges.

— Tu as raison, me répondit Vincent, mais tu manques de patience. Ce qu'on achète se revend et tu vas voir la preuve de ceci dès ma seconde histoire. Le fils de Roderick s'appelait Chrétien ; il épousa la fille de René Prégent de

Coatmeur, président à mortier près le Parlement de Rennes ; bonne noblesse, mi-partie épée et robe ; bonne fortune aussi.

Chrétien de Byran avait des goûts pacifiques. Il prit la survivance de la charge de son beau-père et se trouva englobé, sans trop le vouloir, dans la fameuse résistance que fit M. de Caradeuc de la Chalotais, procureur général, à l'enregistrement des édits bursaux. C'était vers 1764 ou 65. Les gentilshommes bretons se donnaient alors beaucoup de peine pour préparer la révolution qui devait leur couper le cou.

M. de la Chalotais, dont le cure-dent appartient à l'histoire, était un grand seigneur, quoique de robe, un homme de valeur considérable et de haute vertu, mais plein de contradictions entêtées : fervent chrétien qui tarabustait l'Église et se laissait caresser par les ennemis de Dieu, sujet fidèle dont la plus chère occupation était de faire endêver son roi. Il fut mis en prison au château de Saint-Malo, et Chrétien de Byran, son premier lieutenant, s'enfuit en Basse-Bretagne où il avait ses terres. On lui fit son procès. Son origine étrangère mettait quelque chose de louche dans son cas, et les gens du roi le poursuivaient avec une activité outrée. On parlait d'ordres sinistres donnés par M. le duc d'Aiguillon, gouverneur de

Bretagne, qui était partie intéressée dans le débat et que les scrupules ne gênaient point. Vingt fois, Chrétien de Byran aurait été pris sans l'admirable dévouement d'un valet qu'il avait et qui se nommait *Monsieur Jean*, car c'était plutôt encore un ami qu'un domestique.

Aussi, la femme de Chrétien, madame la marquise (comment il était devenu marquis, je n'en sais rien), témoignait en toutes occasions une grande déférence à ce M. Jean, et le jeune Roderick, leur fils, le respectait comme un père.

Par les soins de ce fameux M. Jean, les biens de Chrétien furent vendus, et si bien vendus, qu'on eut du bénéfice sur le prix d'achat du domaine de Lorges. D'après les actes déposés en l'étude Le Hervageur (grand-père du père du titulaire actuel), on dut réaliser plus de deux millions de francs, somme énorme pour l'époque. Le but de la famille était de fuir en Amérique, tant la terreur inspirée par M. d'Aiguillon était grande.

Selon Méto, ce fut M. Jean qui fut chargé d'enfouir ce « gros argieín, » en attendant l'heure du départ; mais ni Mme la Marquise, ni Mlle de Coatmeur, sa sœur, ni même le jeune Roderick, ne furent mis dans la confidence. Que le trésor eût été mis en sûreté dans la perrière ou dans un autre lieu, Chrétien de Byran seul restait maître de ce grand secret avec M. Jean... Fais les cent pas et regarde le point de vue; je vais entrer voir mon malade.

Nous avions quitté l'héritage de Méto sur les dernières paroles de Vincent et nous montions le chemin. Il tourna court au bout de cinquante pas pour entrer dans une pauvre loge de tisserand qui s'en allait en ruines. La vue était superbe de l'endroit où il me laissait, mais avant d'admirer un château de belle apparence que ses terrasses fleuries, bordées par la petite rivière d'Oust, me dénonçaient comme étant Coatmeur, j'arrêtai mes regards sur la plaine où j'apercevais, au milieu d'un champ de blé noir, Edmond Durand, mon frère, entouré d'une nombreuse cour.

Je le reconnaissais très bien malgré la distance et je distinguais même le sceptre qu'il portait à la main. C'était un fouet, non pas pour signifier que sa domination serait sévère, mais pour rappeler son grand acte de la veille, l'*arrachage* de la carriole et sa victoire de menoux pour mener.

Derrière lui venait le grand vassal, Yaume Bodin, accompagné de sa famille comme d'un clan; ils étaient tous là, les gars et les filles. — Derrière encore, c'étaient les autres fermiers plus humbles avec leurs tribus ; des comtes de quatre cents francs, des barons de cent écus ; — derrière enfin, les métayers, mince noblesse, pauvres vavasseurs dont les plus importants valaient à peine dix louis.

Edmond prêchait tout ce peuple. Je ne sais pas ce qu'il disait ; mais ses sujets écoutaient avec une respectueuse attention, non pas parce qu'ils découvraient à l'improviste, en lui qui était « de ville, » un agriculteur d'expérience et de vrai mérite, ah ! non ! ils n'aiment pas cela, mais uniquement parce que Yaume leur avait dit :

— Il a fouaillé sa petite bête de gevâ qu'a l'air d'un pourciau d'un coup d'env'lop' renv'lopé à y lier les deux ourais (oreilles) d'ensemble, collées comme deux feuilles de chou !... Et qu'il jure bravement quand c'est qu'il veut, sans qu'il y a d'péché, en prêchant l's animâs pour les faire aller d'couraige !

Vincent me rejoignit. Il avait l'œil brillant et la paupière mouillée.

— C'est un soldat de la conquête d'Alger qui est là-dedans et qui se meurt, me dit-il. Voilà vingt ans qu'il travaille avec une balle dans l'aine, quatorze heures tous les jours, pour nourrir son père et sa mère. Les deux vieux vivent encore; ils le regardent mourir. Jésus-Christ est au chevet de cet homme que je n'ai jamais entendu se plaindre et qui a déjà la tête dans le ciel. Je ne souhaite pas la guerre, Dieu m'en garde! mais si nous avions la guerre, je me ferais aumônier de régiment. J'aime les soldats: c'est tout ce qui reste...

— Ce qui reste de quoi? demandai-je.

Au lieu de me répondre, il étendit le bras vers le noble et riant château de Coatmeur qui était l'honneur du paysage.

— Là-dedans, me dit-il, employant la même forme de langage que quand il s'était agi de la logette en ruines, c'est un manieur d'argent qui joue sur les grains. La toile a ruiné tout le pays, mais il a fait sa fortune avec la toile avant de l'augmenter avec le blé. Quand il n'y a pas de pain ici, tout à l'entour, c'est la hausse, et ses affaires sont bonnes. Il nous invite à dîner quatre fois par an, nous trois, le recteur, le vicaire et moi, avec les clergés de Saint-Caradoc et de Saint-Guen: repas de prêtres. On mange de très-bonnes choses dans de la vaisselle d'argent, et il prend la peine de nous dire qu'il n'en veut pas personnellement au bon Dieu, mais que la religion a fait son temps parce que c'est trop bête. Il la regrette bien un peu à cause du peuple qui peut devenir gênant, mais en bonne conscience, les gens « éclairés » comme lui ne peuvent pas s'attarder à ces niaiseries. Éclairés ! ô Platon ! ô Bossuet ! ô Voltaire même ! Éclairés ! Il sait lire dans les journaux et négocie je ne sais où pour acheter un titre de comte le meilleur marché possible... Nous voici au belvédère du pays.

Il s'arrêta. C'était le sommet de ce qu'on appelle une montagne là-bas. Beau pays, larges horizons, joyeux aspects qui recouvrent bien des misères. Le sommet où nous étions appartenait à la chaîne d'Arrez. On voyait bien une douzaine de châteaux, autant de clochers, la forêt de Lorges, étendue sur les collines et les vallées comme un sombre velours, et la mer au lointain montant dans les nuages.

— On doit être heureux ici, dis-je.

— On est heureux partout, répliqua Vincent, ou malheureux au choix de chacun.

— Il reste beaucoup de gentilshommières ?...

— Et beaucoup de gentilshommes. Ils forment maintenant la seconde couche sociale. Les grands châteaux sont à l'industrie, mais on trouve encore nombre de manoirs habités par leurs maîtres légitimes. Bonnes gens : ne parlons pas d'eux. Si jamais la grande bataille se livre entre les deux éléments qui divisent le monde, ils combattront, je le crois, car ils sont braves, mais ils combattront si gauchement qu'ils décideront l'affaire en sens contraire de leur intérêt et de leurs croyances, comme ils ont fait autrefois, comme ils feront toujours.

— Ah çà ! qui aimes-tu donc, toi, Vincent ? m'écriai-je.

Il tourna vers moi sa figure énergique et bonne, toute brillante d'intelligence sous le regard du soleil de midi dont les rayons l'inondaient ; je cherchai en vain dans ses yeux une trace de la moquerie qui était son péché d'habitude. Il me répondit simplement :

— J'aime Dieu de tout mon cœur et par-dessus toutes choses, et j'aime mon prochain comme moi-même pour l'amour de Dieu.

— C'est l'acte de charité, dis-je.

— Textuellement oui, et c'est l'esprit de la première, de la grande parole du Décalogue. Je l'ai gravé dans l'âme comme étant l'origine de tout mérite et le commencement de toute sagesse. J'aime donc tout le monde, mon camarade Louis, quoi que tu puisses penser de moi, et je ne méprise personne. La sottise n'est pas une personne, ni l'avarice non plus, ni la vanité, ni l'ignorance : cela, je le hais. As-tu voulu me demander si j'établissais des catégories parmi les hommes ?

Ceci n'est pas un crime, mais une faiblesse ; j'avoue la mienne : je suis paysan sous ma soutane, et j'ai été soldat. Pauvres gens ! ils ne sont pas parfaits, mais c'est égal, j'aime les paysans et je crois aux soldats.

— Et les nobles, sire Prévôt du Cloux, les aimes-tu ?

— Oui, quand ils sont paysans ou soldats. Le gentilhomme soldat tient presque toujours l'épée de Dieu droite et haute ; le gentilhomme paysan, au milieu de ses enfants, est l'image royale par excellence... Où en étions-nous ? à la fuite de Chrétien de Byran, poursuivi par les gens du roi. Il était un peu comme le marquis de Carabas, tout le pays entre Lorges et la mer lui avait appartenu, entre autres la fameuse tour de Cesson dont il ne reste plus qu'un chicot. Elle avait été bâtie par le duc Jean IV de Bretagne, et démolie du temps de la ligue par ordre du roi Henri IV. Elle se trouvait alors enclavée dans le bien de Byran. La terreur de celui-ci, entretenue, dit-on, et même augmentée par les soins de ce bon *Monsieur Jean*, son factotum, était si grande, qu'il se cacha au milieu de ces ruines pendant qu'on cherchait un navire où il pût s'embarquer avec sa famille pour fuir la France, comme son père avait fui l'Angleterre.

Chrétien était là tout seul avec le bon Monsieur Jean. La marquise et son jeune fils Roderick demeuraient au bourg de Cesson, tout voisin, et qui fait partie maintenant de Saint-Brieuc. Jusqu'alors, bien que ce fût un homme de quarante ans à peu près, aucun symptôme n'avait annoncé que Chrétien pût être dormi-qui-va. La seconde nuit de son séjour dans les ruines, le bon Monsieur Jean fut éveillé par un bruit de chevaux venant de la plage. Il cria : « Éveillez-vous, monsieur le marquis ! Et voyez, si bien nous fîmes de mettre vos écus en lieu sûr ! Voici, j'en ai bien peur, les soudards du vigneron qui vous viennent prendre jusqu'en ce dernier refuge ! »

On avait donné ce surnom « le vigneron » en Bretagne, et ce n'était pas par amitié, à M. le gouverneur, Armand du Plessis-Vignerod, duc d'Aiguillon, neveu du fameux duc de Richelieu.

Chrétien de Byran ne s'éveilla point à la voix de son fidèle valet, du moins ne lui donna-t-il aucune réponse. Les pas de chevaux approchaient. M. Jean tâta la paille autour de lui et ne trouva personne. L'histoire rapporte qu'il lâcha un maître juron, lui qui était un domestique bien élevé et non point du tout sujet à cette mauvaise habitude. Tu es malin comme un singe pour toutes ces choses-là ; tu as déjà deviné, j'en suis sûr, que ce bon M. Jean joue ici un bien vilain rôle.

— Le rôle de Judas, dis-je.

— Un peu... pas tout à fait. Il y a deux aventures : celle du président Chrétien de Byran que je te raconte présentement, et celle de son fils Roderick qui fut conseiller au même Parlement de Rennes. C'est la seconde qui est la plus curieuse de beaucoup, et le bon M. Jean y occupa une place tout à fait importante. N'anticipons pas, comme disaient tes confrères d'autrefois.

Il est certain que M. Jean ne paraissait pas très-surpris de la venue des archers qui entrèrent comme chez eux dans ces ruines ouvertes. Quand le chef vit que M. Jean était tout seul et qu'il n'y avait personne autre sur la paille, il dit :

— Ah ! çà maroufle, nous aurais-tu dérangés pour rien !

M. Jean le supplia de se taire, faisant observer que son maître pouvait être caché quelque part. On chercha ; on ne trouva personne, et le chef des archers prit au collet le bon M. Jean qui, certes, ne le méritait pas.

— Maroufle, lui dit-il, pour ne pas rentrer sans gibier, je t'emmène en la prison de Lamballe !

Il faisait un beau clair de lune, presque aussi beau que celui d'hier avant le brouillard. Au moment où sur l'ordre du capitaine on hissait le bon M. Jean, bien contrarié, en croupe derrière un des estafiers, le digne serviteur dit tout bas :

— Ne vous pressez pas de me faire du chagrin, mes chers amis. J'aperçois quelque chose d'extraordinaire. Soyez assez aimables pour regarder en haut de la tour.

Il était la politesse même.

Tout le monde leva les yeux. La vieille forteresse, déchiquetée et dentelée, tranchait en noir sur le bleu laiteux du ciel. Sur la plate-forme, qui se détachait de ce fond, éclairé comme le profil d'une table massive privée d'un de ses supports, un homme faisait les cents pas tranquillement.

On voyait sa silhouette sombre qui allait et venait.

— Est-ce Chrétien de Byran, ton maître? demanda le chef.

M. Jean répondit :

— C'est lui-même

Le chef, qui était déjà à califourchon, descendit de cheval et s'écria :

— Alors, nous le tenons ! à l'assaut !

Il se trompait. Ce n'était pas si facile que cela. On ne tenait pas encore Chrétien de Byran, et les archers, arrêtés à chaque instant dans l'escalier désemparé, se demandèrent plus d'une fois comment ce diable d'homme avait fait pour parvenir jusqu'à la plate-forme. Ils montaient cependant, leur chef les encourageait de son mieux, leur promettant une part de la récompense, s'ils réussissaient, et, s'ils échouaient, un déluge de coups de plat d'épée.

Ils montaient. Ils arrivèrent à un endroit des escaliers qui était à découvert et d'où ils pouvaient apercevoir la plate-forme qu'ils avaient perdue de vue, depuis le bas de la tour. Ils virent alors un spectacle qui leur sembla inexplicable. Chrétien de Byran ne pouvait manquer de les ouïr à si faible distance, avec tout le bruit qu'ils menaient, et pourtant Chrétien de Byran continuait de se promener de long en large, bien paisiblement, comme s'il eût été dans la salle des Pas-Perdus, en la maison présidiale de la ville de Rennes.

— Montez! cria d'en bas le capitaine.

M. Jean dit au contraire, mais pour lui tout seul :

— Gare dessous!

Il venait de voir son maître s'arrêter, et, prévoyant quelque accident, il se laissa dégringoler tout doucement, sans se faire aucun mal.

Chrétien était venu jusqu'au bord de la plate-forme et se penchait au-dessus du vide à faire frémir. On s'émerveillait de cela parce que personne n'allait deviner, n'est-ce pas, que ce brave président dormait comme un bienheureux, ainsi posé en équilibre qu'il était à cent pieds du sol. En se penchant, il cherchait à voir; il avait bien entendu quelque bruit, mais il ne pouvait distinguer les archers, étant placé, lui, en pleine lumière, et eux perdus dans le noir.

— Ah çà! dit-il en donnant des signes de pacifique étonnement, qui donc a démoli l'escalier de notre grand'chambre? Il faut boucher ce trou, mes compères. Manquez-vous de matériaux pour ce faire? J'en suis justement entouré par un bon hasard et je vais vous les faire tenir; attendez!

Dans son désir de se rendre utile, le président Chrétien saisit à deux mains un morceau de créneau qui gisait près de lui et le fit rouler jusqu'au bord.

— Rangez-vous, dit-il obligeamment, ceci est lourd et vous écraserait.

Mais comment se ranger? Les archers étaient à la gêne sur des débris de marches. La même idée leur vint à tous et ils s'écrièrent:

— Il est fou! Il est fou!

Chrétien leur répondit:

— Mais non, je ne suis pas fou, mes compères.

C'est avec des pierres qu'on raccommode les escaliers, ce me semble... Êtes-vous rangés?

Il fit mine de pousser son quartier de granit.

Un concert de voix lamentables s'éleva du fond de la nuit. Elles criaient :

— Ne nous écrasez pas, monsieur le président! monsieur le marquis, ayez pitié de nous et de nos enfants! Nous allons vous laisser en repos... Miséricorde! Miséricorde!

Je ne sais pas ce que Chétien rêvait, mais son rêve, assurément, n'avait rien de pénible, car on le vit sourire, et il dit pour la troisième fois, avec cette voix automatique et morne de ceux qui parlent dans le sommeil :

— Entêtés, rangez-vous donc!

Il poussa la pierre qui bascula et tomba. Il y eut un cri terrible, puis un plus terrible craquement, puis un tumultueux tapage de décombres et de corps humains, précipités pêle-mêle. Puis il n'y eut plus rien.

Ce ne fut aucun de ces fracas divers qui éveilla le dormi-qui-va; ce fut le silence. Tant qu'il y eut des bruits il écouta. Évidemment son rêve travaillait, arrangeant tout à sa guise, trouvant à tout un motif et une explication.

Mais quand le silence se fit, il eut un violent frisson et regarda l'abîme invisible qui se taisait au-dessous de lui. Il voulut reculer. Quelque chose le retint avec quoi il lutta. Était-ce encore son rêve?

Non, son rêve avait pris fin et son sommeil aussi; il veillait, puisqu'il voyait. Il voyait ce qui ne se peut voir : la nuit sans fond et le vide de l'abîme.

L'ennemi contre lequel il luttait s'appelle le vertige, et nul ne lui a résisté jamais.

Il se pencha, malgré lui, lentement, poussa une plainte rauque et obéit au noir démon qui l'entraînait.

Ainsi finit le second dormi-qui-va.

Le lendemain, on trouva son corps mutilé à l'intérieur des ruines, au milieu d'une douzaine de cadavres. Il passa pour avoir soutenu un siége héroïque contre les drilles de M. d'Aiguillon, et les poëtes rustiques de la Cornouailles de Bretagne le chantèrent dans d'innombrables *sônes* ou *barzas*, d'autant que le bon M. Jean donna obligeamment les détails frappants de cette lutte cyclopéenne à laquelle il avait pris part dans l'humble mesure de son dévouement.

Voici maintenant l'aventure du troisième dormi-qui-va.

IX

Elle est toujours là, cette vieille tour de Cesson, haute justice des sires de Goëllo et d'Avaugour, comtes de Vertus, cadets des « riches-ducs » qui étaient rois en Bretagne; elle domine toujours la mer, et son squelette géant sert de *marque* aux navires qui louvoient pour entrer dans le port du Légué. Le canon anglais et le canon français l'ont percée à jour, et le canon des Huguenots, et le canon de la Ligue. Puis vint le pic des démolisseurs, plus fort que l'artillerie, et la mine plus forte que le pic, et le temps plus fort que tout, mais elle est toujours là, image de certaines grandes pensées qu'on assassine et qui ne meurent point.

Il y a une chose singulière: le hasard rencontre parfois de ces sarcasmes qui raillent avec mélancolie. Qui raillent-ils? et quoi? les vainqueurs ou les vaincus? On ne sait.

Mais ils raillent quelque chose et quelqu'un. Ce débris des âges chevaleresques, la tour de Cesson est maintenant captive dans l'enclos d'un très-spirituel Parisien, Irlandais d'origine, Bas-Breton de naissance et qui fut dix ou douzième de gouvernement provisoire pendant quelques-uns de nos jours les plus malheureux. Il est resté malade de cela politiquement parlant : c'est difficile d'être roi, même au douzième. Pour tout ce qui n'est pas la vie d'État, il se porte à merveille, Dieu merci ! et pour bien des jours, j'espère.

Il a la tour de Cesson, énorme, auprès de sa maison mignonne, — comme on voit dans les estampes mythologiques le petit dieu Cupidon tenir en laisse la vigueur d'Hercule. La tour a beau être haute et raconter des épopées, elle est esclave de la maisonnette, et la maisonnette, malgré les drôles de petites histoires qu'elle bavarde, est la suzeraine de la tour.

Mais dans les lointains du large où ils sont perdus, ce n'est pas la maisonnette de l'aimable tribun que les matelots appellent ; ils ne la voient même pas : c'est la tour. Pour guider les hommes il faut des hauteurs.

Vincent Prévôt parla longtemps encore, mais

de ce qu'il me dit vous ne trouverez plus rien ici. L'histoire du troisième dormi-qui-va est un drame complet. J'en ai fait un livre à part, celui-ci n'étant qu'un croquis de mœurs bretonnes, jeté sur la toile à la volée lors de ma première visite à Châteaupauvre. Si, dans ces pages, mon regard s'est tourné parfois vers le passé, c'est à cause des deux enfants, derniers rejetons d'une forte race, dont la destinée imprévue et belle, au fond même de leur malheur, est l'âme de ce récit tout moderne que domine la figure de Mêto Lecouin, si vigoureusement empreinte dans mon souvenir.

L'autre drame, un des plus étranges qui soient venus jamais à ma connaissance est d'autrefois. Il se jouait au lieu même où nous sommes, mais cinquante ans avant la naissance de Guy et de Rosane. Il a pour personnages *Monsieur Jean*, le conseiller de Byran, fils de Chrétien, la « bonne dame » dont nous avons entendu parler si souvent, la « grand'maman » que nous avons presque vue, Mêto, jeune fille, et le père de Yaume Bodin. Pour vous le dire, même en abrégé, le temps me manquerait aussi bien que l'espace, car il me reste à peine quelques feuillets qui seront consacrés aux « deux chéris » dont la courte histoire eut un dénouement plein de grandeur, loin, bien loin de la terre galloise, berceau de leurs aïeux, vers laquelle ils s'en allaient aujourd'hui, et bien loin aussi du pauvre coin de la Bretagne où s'était passée leur enfance.

La brune commençait à venir quand Vincent Prévôt, après avoir dit les bizarres péripéties accumulées autour de ce fameux trésor que personne n'avait vu jamais et qui fit couler tant de sang avec tant de larmes, arriva aux jours tristes où Coatmeur et Byran cherchèrent dans le commerce un remède à la ruine qui menaçait. Le fils du conseiller, Guy-Roderick de Byran de Coatmeur, n'avait point voulu être de robe. C'était pendant la grande révolution; après s'être bien battu sur mer contre les Anglais, il avait commandé une bande de chouans entre Moncontour et Lamballe. Un jour, il entra dans l'église de Saint-Juhel qui venait d'être rouverte et pendit son épée à droite du maître-autel, disant à Dieu (c'était pendant que Barras régnait à Paris) : « Dieu, voici ma noblesse; je la dépose dans votre sanctuaire, forcé que je suis *d'acheter pour revendre*; gardez-la moi. Quand j'aurai gagné de quoi la reprendre, Dieu, je la reprendrai... »

Cela t'étonne? sous le Directoire! c'est drôle, je ne dis pas non, mais c'est vrai. L'épée de Guy-

Roderick est encore pendue à la même place. Elle m'a donné plus d'une distraction pendant les prônes. Quand il n'y a personne dans l'église, Châtiau vient quelquefois en baiser la poignée.

On n'en avait pas moins guillotiné assez bien à Saint-Brieuc et même à Loudéac : mais c'est égal, le bon Dieu n'a jamais été tout à fait supprimé dans nos landes. Saint-Juhel est trop loin de Paris.

Il faut te dire qu'en ce temps-là il se faisait d'immenses affaires de toile pour les armées et pour la flotte. Tout le monde était tisserand, ici les hommes, les femmes et les enfants. Ce ne fut pas la République qui vendit les dernières fermes des Byran dans l'Ille-et-Vilaine, ce fut la toile. Le château de Coatmeur leur restait, parce qu'il avait été acheté nationalement par le père de Yaume. On y établit un comptoir et, sous le Consulat, tout le pays croyait que les Coatmeur, comme on les appelait alors, amassaient une énorme fortune. Il fut même question du rachat de Lorges, forges et forêts, et Guy-Roderick marchanda les neuf mille arpents de bois qui entourent le château des ducs; mais il y avait d'autres gens qui disaient que tout cela n'était qu'apparence, que chez les Coatmeur on tenait les registres à la cave, que rien n'était écrit, sinon avec du vin sur les nappes, et que dans leurs comptes, le diable lui-même ne se serait pas reconnu. La chose certaine, c'est qu'un beau jour... Tiens, voilà Mêlo qui descend la lande, elle revient toute seule !

Elle était loin encore. Il y avait sept heures que Prévôt me parlait depuis sa visite au tisserand malade, et nous avions parcouru, lui racontant, moi écoutant, tous les alentours de Châteaupauvre dans un rayon de deux lieues pour le moins. En ce moment, nous étions sur notre retour et le clocher de Saint-Juhel nous apparaissait entre les chênes.

Nous suivions un de ces sentiers que les piétons s'ouvrent le long des fossés, au-dessus des bas-chemins, presque toujours impraticables. C'était en arrivant au tournant d'un champ que nous avions aperçu Mêlo. Ceux qui ont voyagé en Bretagne savent quelle magnifique couleur rosée les bruyères prennent au coucher du soleil. L'endroit où cheminait Mêlo, grande lande découverte, était très-élevé et pendait vers l'ouest ; nous étions déjà dans l'ombre des fonds, mais le versant de la montagne restait en pleine lumière éclairé par les nuées écarlates et striées en longues bandes qui rayaient le ciel dans la partie de l'horizon où le soleil venait de disparaître.

Sur le dos carminé de la lande, mille rides d'un blanc éclatant formées par ces petits sentiers pierreux qui vont Dieu sait où, se rejoignant, se quittant, se mêlant de toutes manières, tranchaient comme les veines d'un marbre précieux. Au sommet, il y avait un moulin à vent qui tournait avec lenteur dans son enceinte de *palis*, aigus comme les pointes d'une grille ; non loin de là un grand pin à tête ronde se dressait tout seul, semblable à un oranger dans sa caisse, et depuis le pin jusqu'à l'Oust, coulant sous les saules, au bas de la montée, des multitudes de roches, grises, accroupies comme des sphynx et toutes dans le même sens, descendaient en bon ordre à la rivière.

J'ai vu dans la lande de Saint-Malo-de-Beignon un troupeau de sphynx en granit comptant plusieurs milliers de têtes. Il n'y a pas une pierre aux alentours. Ils sont là, pensifs et faisant penser, proposant, depuis le commencement du monde, l'énigme de leur attroupement mystérieux.

Méto avait déjà dépassé la rangée des roches. On la voyait noire sur la bruyère enluminée. Elle allait péniblement, courbée en deux et se soutenant à l'aide d'un bâton plus grand qu'elle. Les devantières de son capot flottaient, et sa main gauche en ramenait le capuchon jusque sur son visage.

— Je croyais qu'elle était partie en charrette? dis-je.

— Oui, me répondit Vincent; il y avait une *occasion*. Les paysans ne rendent service que quand ça se trouve.

Je me souvins de la charrette neuve de Yaume et de ses grands bœufs qui devaient faire un riche enterrement à Méto; « si on n'en avait point d'affaire ailleurs. » Soyons justes, agit-on autrement dans les villes! Certes, non; seulement, on s'y excuse avec moins de franchise. Je repris :

— Elle n'a pas l'air d'apporter de bonnes nouvelles.

— On va voir, répondit Vincent qui s'assit au revers du talus sur les racines moussues d'un châtaignier. Attendons-la.

Il lui restait bien peu de chose à m'apprendre. Comme ces pauvres Coatmeur étaient supérieurement honnêtes, et que la tradition du trésor avait dans le pays de profondes racines, leur propre incapacité et la rouerie des toileux furent longtemps à ruiner leur crédit. La Restauration finissait quand on parla de vendre Coatmeur par autorité de justice, et il se passa plusieurs années avant que la menace vînt à exécution.

Enfin, les « papiers » de maître Le Hervageur firent explosion dans la malle où le pauvre « Monsié-vicomte » les entassait sans les lire depuis des mois et des mois. La famille, chassée de ce paradis terrestre, se retira à Château-pauvre, qui était un bien propre de la « bonne dame. »

Si l'on eût cessé franchement tout commerce, on aurait végété là misérablement et paisiblement jusqu'à la consommation des siècles; mais quand un gentilhomme campagnard a mis un doigt dans l'engrenage, tout y passe. Les toileux revinrent, et les marchands de fil retordu, et les maquignons, par surcroît, et les gens qui revendent le cidre. On fit une demi-douzaine de commerces au lieu d'un seul, et vous savez le reste...

Vincent parlait encore, achevant ce tableau véritablement sinistre de la ruine d'une race et montrant Mèlo — toute seule — comme le Caleb de Walter Scott, nourrissant, soutenant, réchauffant ce qui survivait de la maison morte, quand nous entendîmes, à quelques pas de nous, cette musique d'espèce particulière produite par la marche d'un piéton qui porte ses sabots en sautoir : ces grands sabots de Bretagne où un petit enfant pourrait dormir.

— Elle n'a pas pris par le champ, dis-je.

— Mauvais signe! repartit Vincent. Écoute : elle récite la *drène* (litanie, refrain) de misère.

Mêto arrivait invisible, cachée qu'elle était par les broussailles de la haie. Ses pieds nus flaquaient dans la boue comme ceux d'une vache, et son bâton ferré sonnait contre les pierres. Elle allait, radotant sans s'arrêter de parler une seconde, ce chant inouï que Vincent appelait *la drène de misère*, dans lequel il y avait des révoltes et des prières, des blasphèmes et des sanglots; elle disait :

— Malheux! Malheux! Malheux de malheux! Ne sont plus là! Ne les voirai plus! N'y a plus personne en tout, ni qui, ni quoi, personne de rien! sont en allés, perdus, ne reviendront jamais ni jamais, pas moins que des morts! Oh! là là! Oh! là la! Mon Dieu donc qui me mettez toute seule! Jésus! Marie! que j'vous aimais, je n'mens pas, si fortement! si tant! si dur! vous deux, mon Dieu et ma Vierge! Mais j'les aimais mieux qu'vous! ça c'est vrai, et v'là l'péché où il est... Sont partis, sont fuis et 'vanouis! Toute seule je vas être à finir, à souffrir! Quoi sert de manger et d'boire? n'y a plus rien, rien, rien, pas plus d'bon Dieu qu'aut' chose, pardonnez-moi, Seigneur! miséricorde! *Pater noster*, Agneau de Dieu ! *Libera ! Libera !* J'ai trop de deuil et trop de peine ! Châtiau, mon p'tit gars ! Et Rosane, ma bénie-jolie !... Que ça vous aurait-il coûté, Grand Sauveur, pour me les laisser d'avec moi le temps de finir ma journée? Ne sera point long, c'temps-là, je l'promets juré... A r'voir qu'ils m'ont dit, à r'voir ma Mêto...C'n'est point vrai, c'est menti... H'est trop vieille, vot' Mêto, mes petits cœurs chéris, ne la revoirez qu'à travers la terre du cimetière !

A l'écouter, j'avais la poitrine dans un étau et mes yeux me brûlaient.

— Cela dure depuis Saint-Brieuc, me dit Vincent. Elle a fait sept lieues sans s'arrêter *d'ululer*, comme ils disent, parlant latin sans le savoir. Ne t'attendris pas trop : la *drène de misère* use le chagrin tout d'un coup, comme les lamentations antiques. C'est une soupape par où s'en va le désespoir.

— M. l'abbé, murmurai-je malgré moi, tu es un cœur de pierre meulière !

Je le regardai, il souriait, mais il avait la joue mouillée.

— Je les connais si bien... commença-t-il.

— Qui c'est-il qu'est là? interrompit la rude voix de Mêto, arrêtée dans le bas chemin, juste au-dessous de nous.

Il paraît que Vincent ne répondit pas assez vite, car une racine cassée craqua, il y eut un bruit de bête qui ravage une broussée, et Méto Lecouin traversa la haie comme un boulet. Elle se mit tout de suite à genoux au milieu du sentier, les deux mains jointes sur son bâton qu'elle tenait debout devant elle.

— Monsié Prevôt, dit-elle avec assez de calme, j'suis ben aise de vous voir. L'ennemi malin a entré dans mon corps, pour vrai, car me v'là folle. Si c'est un effet de vot' bonté, faut m'soulager vitement et chasser l'Satan au galop !

— Vous avez éprouvé une grande douleur, Méto, pauvre femme ! répondit Vincent doucement ; et je ne reconnaissais plus sa voix, tant il me semblait parler de haut.

Il étendit sa main au-dessus de Méto prosternée. Je pense qu'il priait. Deux larmes roulèrent dans les rides de la vieille qui poussa un grand soupir.

Elle se releva.

— En vous remerciant, Monsié Prévôt, dit-elle. V'là que ça y est fait tout à fait. M'avez-vous gaigné mes quarante sous ?

Elle prit une seconde pièce d'argent que je lui tendais et la baisa.

Puis, toute droite, et grande étonnamment

sous la dernière lueur du soir qui allongeait sa haute taille, elle piqua son bâton en terre et nous regarda, disant :

— L'argiein mène à l'argiein. L'Angliche n'a pas voulu payer la fouille. Il est bravement bon homme pour un de son pays mais il a son idée et c'n'est point la mienne. J'veux ben que la pauvre petite demoiselle soit nonne de Jésus : c'est promis, mais je ne veux point que Châtiau soit soldat ailleurs qu'en Bretaigne de France, quand même ils devraient le nommer amiral des Angliches tout du coup ! Ils l'ont emmené, j'irai le rechercher. Pour ça, me faut l'argiein qui est sous la terre : le bahut de fer, tout bondé de louis de vingt-quatre livres. J'l'aurai ! Je tournerai plutôt la lande poignée à poignée avec mon *keuté* (couteau), j'grafignerai la terre avec mes grafes, j'la mangerai, failli chien d'sort ! avec mes dents, si c'est qu'il faut la manger, mais le grand-argiein, je le veux, j'l'aurai !

X

Par les soins de M. John Byran de Châteauriche, Rosane était donc pensionnaire je ne sais où, chez cette brave prédicante de protestantisme, lady Maud Byran de Byran, en attendant qu'on lui permît d'entrer au noviciat des sœurs de Saint-Vincent-de-Paul de Dinan, pour devenir novice avec le temps, puis religieuse. Châtiau, lui, voguait vers Cambridge ou vers Eton, et Mêto, par permission de l'autorité qui était Edmond, continuait de faire le ménage et la cuisine à Châteaupauvre. Quelqu'un qui ne fut pas content, c'est Aglaé Le Hervageur, perdant ainsi avec Rosane l'occasion d'exercer sa charité sans borne, et une domestique qui ne coûtait point de gages.

Nous restâmes cinq jours à Châteaupauvre, Edmond et moi, puis nous remontâmes dans la carriole que Martin gevâ traîna cahin caha jusqu'à Rennes. Une fois de retour à Paris, le hasard voulut que je restasse bien des années sans visiter le pays de Saint-Juhel. Edmond me parlait souvent de Méto Lecouïn dans ses lettres, et aussi de Vincent Prevôt, dont il était devenu le grand ami.

Méto était le modèle des gardiennes et des cuisinières ; seulement, mon frère se plaignait qu'elle lui fît sentir un peu trop durement son autorité. « Je sais bien que je ne suis qu'un simple achetoux, me disait-il, mais il y a des fois où elle abuse de mon humble position sans pitié. » Il ne me parlait jamais de Guy, ni de Rosane. Une seule fois, pour répondre à une question que je lui avais adressée, il me manda : « J'ai interrogé Méto sur les *deux petits* (qui doivent avoir grandi depuis le temps). Elle était d'humeur massacrante parce qu'elle avait trouvé des traces de fouille interlope à l'endroit où elle remue la terre, toute seule, depuis cinq ans, pour chercher le bahut de fer, plein de pièces de vingt-quatre livres. Elle attribue ce méfait au bancal qui boite, et parle de lui tendre un piége à loups...

« Pendant mon séjour à Châteaupauvre, elle ne travaille guère son *héritage* que la nuit, mais au dire de Yaume et de son clan, quand je ne suis pas là, elle couche positivement dans sa perrière où elle a pratiqué des excavations qui t'étonneraient... A l'occasion, tu seras content d'apprendre que le ménage Le Hervageur va bien. Il serait complétement heureux, s'il n'avait perdu sa domestique.

« Quant au « grand-argiein », il y a bien des gens qui disent que Méto n'est pas folle. Yaume connaît une prophétie, annonçant que le trésor sera trouvé quand il n'y aura plus personne pour en jouir. Toutes les prophéties, à Saint-Juhel, sont de cette gaîté-là.

« A ma question ou plutôt à la tienne, concernant l'ancien « Châtiau » et cette gentille petite Rosane, Méto répondit donc assez malhonnêtement quelque chose comme ceci : « Qu'ça vous
« fait-il qu'ils soient ici ou là, bien ou mal, vi-
« vants ou trépassés, puisque vous ne leur êtes
« point de rien? Si vous aviez voulu mettre les
« Bodin dans la perrière à travailler, huit sous
« la pièce par jour, on aurait déjà la *boursée* du
« dormi-qui-va, mais vous n'êtes point riche, ça
« se voit, ni généreux, ni esprité non plus. Tout
« se fera par moi toute seule, avec le temps du
« bon Dieu. »

« Et ce fut tout. Yaume prétend que l'Angliche a adopté Châtiau qui est tout bastant doré dans un uniforme de « commandant militaire à gevâ ». Je crois que Rosane n'est pas encore religieuse, ni même novice, mais sa vocation tient toujours, et au dire de Mêto, « l'Anglaise d'hérétique » sera convertie par elle bien plutôt qu'elle ne la pervertira. Je le souhaite sans l'espérer, car voilà que cette petite Rosane aurait eu largement le temps de se décider...

« Mais il y a du nouveau, à Paris, à ce qu'il paraît ? L'abbé (il s'agissait de Vincent) parle d'une guerre probable avec la Russie. Il a toujours envie d'être aumônier de régiment. Dis-moi quelque chose sur ces bruits de guerre. »

Le dernier paragraphe de cette lettre en donne la date. Il s'agissait de l'expédition de Crimée. Un mois après, ou six semaines, je reçus une nouvelle lettre d'Edmond qui contenait cette phrase : « Nous avons fait une véritable perte à Saint-Juhel. L'abbé, seule personne « voyable » à cinq lieues en rond, a fini par gagner le procès de sa marotte. Il est aumônier je ne sais où, du côté d'Alma Séraï. Voilà un vrai brave cœur ! Mêto dit que Châtiau est aussi à la guerre, dans l'armée anglaise qui se bat du même bord que nous. Rosane est toujours avec lady Maud, dont les journaux parlent comme étant une grande commandante des hospitalières organisées pour suivre l'armée anglaise. »

Vers la fin de décembre 1855, à Paris, un beau canonnier à cheval m'apporta, sous enveloppe, une carte dont la vue me fit battre le cœur. Assurément je ne songeais guère à mon ami, le petit curé. C'était lui, pourtant, « l'abbé Vincent Prévôt, aumônier au 00° d'artillerie », qui me priait, en quelques mots écrits au crayon, de l'attendre, ce jour-là même, pour déjeuner à midi.

Heure militaire, on l'introduisait dans mon cabinet.

Il n'était pas changé du tout, sauf un peu de brun sur la joue et quelques cheveux de moins autour de sa tonsure. Nous nous embrassâmes de bon cœur. Il arrivait plein de récits. Je le trouvai enthousiaste des soldats et profondément dégoûté de la guerre.

— Il faut avoir vu cela en grand et de près comme je viens de le faire, me dit-il, pour comprendre l'excès de folie où peut atteindre ce qu'on appelle la sagesse humaine. Ces questions, plaidées par le canon, ne sont même pas jugées par la victoire. On a tué cent mille hommes qui ne s'en voulaient pas du tout les uns aux autres et qui même buvaient ensemble quand ils se rencontraient dans des coins; on rase une forteresse, on signe des traités, — et le procès pend toujours.

— Ne va pas trop loin, Vincent, lui dis-je; le Dieu que tu sers s'appelle le Dieu des armées.

— A cause des soldats! me répondit-il vivement. Les canons et ceux qui les braquent du fond de leur cabinet coquin appartiennent au diable, mais les soldats sont à Dieu. Comme cela sait mourir, mon ami, ces fils d'ouvriers, ces fils de paysans et ces fils de gentilshommes, mêlés devant l'ennemi! Avec n'importe lequel d'entre eux, pris dans le tas des martyrs obscurs qui cotisent leurs morts pour faire la vie d'un maréchal de France, on écrirait une épopée!... Mais voici la paix faite, grâce au ciel, je m'en retourne chez nous. Tu as l'honneur de parler, non plus au petit curé de Saint-Juhel, mais au *curé* sans épithète, qui n'a désormais au-dessus de lui que son recteur, son évêque, Notre-Saint Père le Pape et la Providence.

— Tu ne retrouveras point là-bas Méto Lecouin, lui dis-je : mon frère m'a écrit qu'elle était partie sans crier gare. Pour où, personne ne le sait.

— Excepté moi, murmura Vincent.

Je pense que je n'entendis pas, car je poursuivis :

— Rosane a disparu.
Vincent dit :
— Je le sais : avec l'Anglaise à bibles.
— Et Châtiau aussi.
— Je le sais... j'ai vu Méto, j'ai vu Guy de Byran et j'ai vu Rosane.
— Elle doit être bien belle !
— Comme les anges, ni plus ni moins.
— Mais tu es donc retourné là-bas ?
— Non.
— Alors, il y a une histoire ?
— Oui... une pauvre belle histoire que j'aurai du mal à te raconter, car je pleure, avant même d'en avoir rien dit.

Et en effet, il avait des larmes plein les yeux. Il commença sans autre préambule :

— Les Anglais avaient leur camp au devant de Balaclava où était leur grande ambulance. Il y avait aussi une ambulance française parce que notre arrière-garde campait à droite de la ville, presque en ligne avec les avant-postes des Anglais. L'ambulance anglaise était toujours pleine. Impossible de trouver des gens plus solidement intrépides que les sujets de la reine Victoria, quand ils ont bien bu et bien mangé. Seulement c'est la condition *sine quâ non*. Il faut qu'ils mangent bien et qu'ils boivent bien. Ils ont un cœur qui dépend de l'estomac. Du reste, je ne connais que nos soldats à nous pour se bien battre tout de même quand ils n'ont rien dans le ventre.

Les Anglais, pour être des héros, demandent aussi à être bien vêtus, bien chaussés et bien couchés. Cela paraît assez difficile, en campagne, mais leurs administrations font des miracles. Elles ont peu d'employés et ils sont tous bons. On peut dire que les bureaux anglais sont autant au-dessus des nôtres que nos soldats sont au-dessus des soldats anglais. Et sans cela, il n'y aurait même pas d'armée anglaise possible. J'ai vu, quand nous manquions de pain sec, le contingent anglais s'empiffrer à raison de deux livres de bœuf saignant par homme et par jour, sans compter le reste. C'est un grand peuple, après tout, et j'ai ouï dire que les fournisseurs, là-bas, font fortune moins vite que chez nous.

Ils n'ont pas du tout la même réputation *d'honnêteté* que les nôtres. En Angleterre on trouve du patriotisme jusque dans le commerce !

Un soir que je confessais un mourant à l'ambulance de Balaclava, je m'entendis appeler par mon nom, avec l'accent du pays : « Monsié Prévôt ! » C'était un blessé qu'on venait d'amputer du bras droit. Je m'approchai et je reconnus notre gars Pelo, l'aîné des petits-fils du bonhomme Yaume Bodin. Il avait l'air si content de me voir!

— Bonjour et vot'compagnie, me dit-il, je ne sais point écrire. Si c'était un effet que vous leur marqueriez que j'ai un bras de moins més'huy, je vous en aurions de l'obligeance. En plus, n'y a point rien de nouveau, sinon que je me porte bien, ne les inquiétez brin en tout, quoique ça ne sera point commode de n'avoir qu'un bras pour battre dans l'aire, si je revas chez nous.

Je lui demandai s'il avait besoin de quelque chose, et il me répondit :

— Brin, brin, puisque not'demoiselle est par ici?

J'étais si loin de penser à Rosane que je cherchais en moi-même quelle personne des environs de Châteaupauvre il pouvait bien appeler not'demoiselle, quand une belle et grande jeune fille qui passait, accompagnant une sœur de charité, tourna vers moi son visage souriant. Elle portait le costume des hospitalières anglaises.

— Le pauvre Pelo est bien résigné, me dit-elle. Bonjour, monsieur le curé. Ah! ce sont de bonnes gens, chez nous!

L'aide-major de mon régiment passait en courant. Il salua la religieuse et Rosane.

— L'abbé, me cria-t-il, on fait encore des saintes, qui l'aurait cru !

C'était un libre-penseur, mais l'héroïsme de sa charité m'a fait envie plus d'une fois. Et si gai ! ses os sont restés là-bas, sous le Mamelon Vert. Je prie pour lui chaque jour, car Dieu n'a pu refuser à un pareil cœur la grâce de la dernière larme. Il essayait de me convertir à la raison, comme il disait ; j'aurais donné tout mon sang pour le pervertir à la foi !

Rosane était arrivée quelque temps avant moi. Elle avait consenti sans répugnance à suivre en Crimée Lady de Byran, qui lui témoignait d'ailleurs beaucoup de tendresse et qui s'était engagée à la laisser entrer au noviciat le premier jour de sa vingtième année, si sa vocation persistait jusque-là. Elle jouissait d'une entière liberté auprès de sa protectrice, qui lui permettait de passer la majeure partie de sa journée à notre ambulance. Nos bonnes sœurs l'avaient prise en grande affection, et nos blessés encore plus. Dans ce milieu véritablement béni des filles de Saint-Vincent de Paul, où la piété est comme l'air même qui se respire, sa piété, à elle, se distinguait plus pieuse. Quelque chose d'angélique éclatait en elle. *On fait encore des saintes ;* mon ami l'aide-major avait raison.

De temps en temps, Mme *Biblorum* l'accompagnait chez nous. Ce sobriquet désignait lady de Byran et faisait allusion par un terrible calembour à l'excellent rhum qui servait de passe-port aux mauvaises bibles de la chère dame. On l'aimait bien aussi, car sa générosité était inépuisable ; mais elle avait peu de succès dans sa propagande protestante. Nos soldats sont de bien meilleurs chrétiens qu'on ne le pense. J'ai vu de grandes et belles choses dans leurs cœurs.

Dès que nous fûmes seuls, Rosane et moi, elle me dit :

— Milady me traite comme si elle était ma mère. Elle est très-savante, et très-pieuse à sa façon. Elle dispute théologie toute la journée avec les deux pasteurs protestants qui ne sont jamais d'accord entre eux ni avec elle. L'idée que j'ai d'accomplir le vœu de mon aïeule les fait bien rire, mais il n'en est pas de même de ma volonté à moi, qu'ils appellent de toutes sortes de noms : mon *erreur*, ma *faiblesse*, mon *entêtement*, ma *liberté*, et quand je leur dis qu'ils se trompent, que ma volonté n'est que mon profond amour pour Jésus crucifié, milady entre en colère, puis m'embrasse...

Elle me tendit son front et ajouta, les yeux mouillés :

— Mon père, je suis toujours votre enfant.

Au bout d'un peu de temps, je lui demandai :

— Ma fille, êtes-vous guérie?

Tu comprends bien le sens de ma question, n'est-ce pas? Tu n'as pas oublié qu'à Château-pauvre, elle était *dormi-qui-va* comme presque tous ceux de sa race.

— Oh! oui, me répondit-elle avec cette chère candeur qui m'avait ouvert autrefois son âme comme un beau livre. En ce temps-là, c'était Guy chéri qui m'appelait... Grand'maman le savait bien ; elle disait : « C'est l'héritage... »

Mon regard dut exprimer une inquiétude ; elle sourit et reprit :

— J'aimais tant Guy chéri !

— Et ne l'aimez-vous plus, ma fille?

— Oh! si fait, je l'aimerai toujours, mais, depuis notre départ de Bretagne, nous étions trop loin l'un de l'autre. Milady demeure à Londres....

Comment te dire cela? Je ne me sentais pas le besoin d'interroger, tant j'étais conscient de son admirable innocence. Ce fut elle qui poursuivit :

— Je l'aime plus qu'autrefois, car il est Anglais, maintenant, et protestant.

— Et vous l'aimez mieux à cause de cela! m'écriai-je.

— Oui, fit-elle, nous sommes les derniers. Je l'aime pour mon père, pour ma mère, pour ma pauvre grand'maman qui nous tenait tous deux ensemble sur ses genoux. Ah ! je ne sais pas dire comment il m'est cher! Je ne peux plus rien lui donner de mes jours en ce monde, puisque mes vœux, mes vœux bien-aimés sont prononcés au fond de mon cœur, mais jai demandé à mon Seigneur Jésus, que j'aime au-dessus de moi-même, au-dessus de Guy chéri, au-dessus de toutes choses, d'accepter le sacrifice de ma vie, et j'entends par là ma mort sur la terre que je souhaite prompte et douloureuse, pour racheter le petit ami de mon berceau qui est en péril de péché, pour qu'il redevienne Français, fidèle à la France, notre patrie, pour qu'il redevienne catholique, enfant de la sainte Église, notre mère. J'ai fait cela, ai-je mal fait? Je crois que non, et j'espère que Dieu m'a entendue.

Je ne répondis point. Faut-il te l'avouer? chez nous, en Bretagne, il m'était arrivé malgré moi bien souvent d'unir dans ma pensée ces deux enfants que toutes les apparences humaines destinaient l'un à l'autre. Il y a certaines choses que j'avais apprises avant mon départ de France et que je dois te dire. Je savais que le grand commerçant, le Byran de Châteauriche avait perdu sa fille unique (celle que Châtiau devait épouser). Je savais en outre que le brave Anglais, voyant cet espoir perdu, avait *demandé la main* de Rosane pour Guy, en proposant de les instituer ses uniques héritiers. Ce sont choses de la terre, mais il n'est pas péché pour un Breton d'aimer ceux qui, par leur sang et leur nom, rappellent les vieux âges gaëliques, et je souffrais de voir périr cette race qui avait régné en quelque sorte sur mon petit pays de Saint-Juhel : souviens-toi qu'il fut un jour où les Byran de Coatmeur possédaient toutes nos grandes forêts, depuis Plœuc et la Trêve de Grâce jusqu'à la mer.

L'origine du vœu qui devait faire de Rosane une sœur de charité se perdait si loin ! cela remontait à la jeunesse de celle dont tu entendis parler longuement autrefois, la marquise de Byran Coatmeur : « la grand'maman. » Trois générations avaient vécu depuis lors, sans que le vœu fût accompli, chaque fille de Byran léguant à sa fille cet héritage auquel nul ne touchait.

Rosane, dès sa petite enfance, s'était offerte à payer la dette de l'aïeule.

En vérité, quelle valeur pouvait-on accorder à un engagement pareil? Je me souviens que j'avais consulté mes supérieurs et parlé à Rosane dans ce sens, il y avait déjà bien longtemps, mais je me souviens aussi qu'elle m'avait répondu :

— Tout passe des parents aux enfants, puisque Notre-Seigneur a souffert sur la croix pour nous absoudre du péché que nous n'avions pas commis.

Je mentionne tout cela pour que tu puisses mesurer je ne dirai pas la confiance, ce serait trop peu, mais le respect que m'inspirait cette chère âme. Ce fut elle-même qui fit naître dans mon esprit une ombre d'inquiétude. Elle me dit :

— Maintenant, lui et moi, nous voilà tout près l'un de l'autre.

— Comment! m'écriai-je. Où est-il?

— Ici même, à Balaclava.

Cela n'avait rien qui dût me surprendre, et pourtant je restai comme interdit, puis je demandai du ton que je prenais autrefois avec elle au catéchisme :

— Ma fille, quand vous avez consenti à venir en Crimée, saviez-vous que vous vous rapprochiez de lui?

Elle aussi eut son doux accent de jadis pour me répondre :

— Je l'espérais, mon père, et je le demandais à Dieu.

— Et comment avez-vous appris que votre prière était exaucée? Guy vous a-t-il écrit?

— Mon père, je l'ai vu.

Il y eut un silence. J'avais en moi un grand trouble qu'il m'eût été impossible de définir. Cela ne ressemblait pas au pressentiment d'un malheur.

— Je l'ai vu, répéta-t-elle, et j'en ai eu beaucoup de joie. C'est un homme à présent... Il était à cheval, il avait son sabre nu à la main, pour commander à ses soldats, qui sont les dragons du fils aîné de la reine.... Cher, cher frère! Vous souvenez-vous qu'il allait pieds nus par nos chemins?

— Et lui, vous a-t-il vue?

— Il est devenu très-pâle... Il m'aimait tant, lui aussi!

J'ignore ce que disait mon visage. Voici ce qu'elle répondit à mon silence :

— J'appartiens à Dieu. Je n'ai pas offensé Dieu dans ma joie profonde, car mon cœur est plein de son divin nom. C'est vers Dieu que tout mon être s'élançait, pendant que revenaient en foule à ma pensée les souvenirs de mon enfance, si pauvre et si heureuse. Mon père, j'ai sacrifié un espoir de bonheur sur la terre, c'est vrai, mais je l'ai sacrifié avec réflexion et les yeux grands ouverts. Je ne crains rien parce que je ne regrette rien.

On l'appela pour un blessé qui arrivait. Une teinte rosée vint à sa joue et elle me dit tout bas, comme si le fond même de sa pensée eût répondu à une question que je n'avais pas faite :

— Mon père, je prends les mêmes précautions que si je n'étais pas guérie. La bonté de Dieu suffirait à protéger sa servante, mais c'est vous qui m'avez appris autrefois cette parole : « Celui qui brave le danger succombera. » Je veille.

Elle s'éloigna, laissant derrière elle une impression de candeur qui pénétrait comme le parfum des lis.

Devines-tu où j'allai en quittant Rosane ? Tu te tromperais, si tu pensais que j'avais peur pour elle. Celle-là ne pouvait point faillir. Des anges sont tombés, mais ils avaient de l'orgueil...

Non, je ne craignais rien. Plus j'interroge mes souvenirs, mieux je puis l'affirmer ; rien, et si je voulais voir Guy, c'est qu'il était aussi un de mes enfants.

Je n'eus qu'un quart de lieue à faire pour gagner le campement de nos amis les Anglais, admirable d'ordre, d'abondance et de bonne tenue. Ce que j'y vis de viande passe toute imagination.

Et de pommes de terre ! Tous les philosophes se sont évertués à deviner où les Anglais trouvent de si belles pommes de terre. Elles sont malades partout et pour tous ; je crois même que c'est chez eux qu'elles ont commencé d'avoir la maladie : eh bien ! celles qu'ils dévorent en si grande abondance sont pures, fraîches et dignes de la glorieuse viande qui saigne en tous temps sur les tables d'Albion, la fortement nourrie. Quand j'arrivai, c'était sans doute l'heure de la cuisine. Une vapeur épaisse et savoureuse emplissait le campement et je dînais rien qu'en la respirant gratis.

Un homme grave et de mine respectable qui portait la longue redingote des pasteurs m'aborda pour s'informer avec une courtoise bienveillance du motif de ma venue. Aussitôt que j'eus prononcé le nom de Byran, il me dit :

— Vous êtes justement au quartier des dragons de Son Altesse Royale. Voici le pavillon de lord H***, leur colonel. Celui que vous cherchez est un capitaine-lieutenant. Attendez!

Son regard fouilla un groupe d'officiers arrêtés devant la tente de mylord et il ajouta en me désignant l'un d'eux :

— Le voilà.

J'avais déjà reconnu Guy sous l'écarlate et l'or

de son uniforme. Ils sont véritablement splendides, ces soldats de la reine ! L'habit d'un capitaine-lieutenant des dragons du prince de Galles doit coûter aussi cher que toute la personne d'un de nos capitaines à nous. Et ce luxe est admirablement porté. Je ne crois pas qu'on puisse trouver au monde un plus bel état-major que celui de l'armée anglaise, ni un plus brave.

Mon pauvre Châtiau d'autrefois était maintenant un fier jeune homme dont la tournure aristocratique se distinguait même au milieu de ce groupe qui exagérait comme à plaisir tous les caractères extérieurs de l'orgueil de caste. Vous eussiez dit, en vérité, sauf certaine raideur nationale et la différence de costume, un bouquet de ces jeunes héros-courtisans qui fleurissaient la guerre au temps de nos rois.

L'Angleterre est le pays de la liberté, c'est chose convenue dans les articles de journaux, quoiqu'on prodiguât encore, chez nos voisins, les coups de gaule aux libres soldats, un an avant la guerre ; ce qui est une manière tout comme une autre de rendre hommage à la dignité humaine ; mais je ne pense pas avoir lu nulle part, même dans les journaux les mieux informés, que l'Angleterre soit le pays de l'égalité. Il y a là des abîmes entre les classes, des précipices entre les rangs; chacun y vit dans son *box* étiqueté, et les enfants d'un même père n'y sont pas des frères, puisqu'il y en a un qui est dieu.

Cela, dit-on, garde les fortunes intactes; la grandeur de l'aristocratie anglaise ne périt point, confite qu'elle est dans ce vinaigre du droit d'aînesse. Je ne m'occupe pas de savoir si c'est bien ou si c'est mal : je m'irrite simplement contre nos almanachs quotidiens, radotant avec impunité le refrain de leur mauvaise foi ou de leur ignorance et qui, depuis cinquante ans, proposent à plus bêtes qu'eux l'Angleterre comme un modèle d'équilibre social.

Guy me reconnut aussi. Il rougit, mais après ce premier mouvement qui n'était pas bon, je le crois, il quitta ses camarades pour courir à moi et se jeta à mon cou comme un cher enfant qu'il était autrefois. Pour lui comme pour Rosane, je dirai : c'était moi qui lui avais fait faire sa première communion. De cela il reste quelque chose toujours.

Des yeux de feu, un front hautain, une figure admirablement pensive, intelligente, et hardie, du sang passionné sous la blancheur délicate de la peau, une taille élevée, pleine de grâce et de vigueur, tel était mon petit paysan de jadis et tel il m'apparut à cette heure. Ce que je voyais de son cœur en ce premier instant m'enchantait ; il me serrait dans ses bras en pleurant et en balbutiant :

— Grand'maman ! Pauvre grand'maman ! Châteaupauvre !... Et Méto ! ah, monsieur Prévôt ! monsieur Prévôt ! Je n'ai rien oublié, je vous le jure !

Tu remarqueras qu'il ne prononça pas le nom de Rosane.

Pendant que je lui rendais son étreinte, ému, moi aussi, jusqu'aux larmes, quelque chose changea en lui. Peut-être avait-il jeté un coup d'œil vers ses camarades qui nous regardaient avec une curiosité, je dois le dire, pleine de politesse. Il n'y en eut pas un pour omettre de m'envoyer son salut, quoique je n'eusse pas encore été « présenté. »

Guy abrégea un peu brusquement son accolade et me dit, toujours en français, mais sur un tout autre ton :

— Venez, cher monsieur Prévôt, nous serons plus à l'aise pour causer sous ma tente.

Et il passa son bras sous le mien. Je crois que son idée fut d'abord de m'*enlever*, pour éviter les questions de ses amis, mais il se ravisa et nous marchâmes droit à eux. Tu sais l'anglais ? Il leur dit en me présentant :

— *A very worthy and dear dominie of mine, sirs; reverend V. Prévôt, vicar of S. Juhel in France. — Dear M. Prévôt, I have the honour of introducing to you my brother-officers.*

Littéralement : « Messieurs, mon très-digne et cher précepteur, l'abbé Prévôt, vicaire de Saint-Juhel en France. — Cher monsieur Prévôt, j'ai l'honneur de vous présenter mes camarades. » Il y avait là-dedans plusieurs choses singulières que tu ne remarquerais peut-être pas: d'abord le mot *dominie* que j'ai traduit par précepteur, mais qui indique une sorte de domesticité familière. Grâce à cette parole, les compagnons de Châtiau, devenu grand seigneur, devaient me voir assis, dans le passé, au bas bout de la table dans la noble demeure des Byran. Or, tu la connais, la table où ils mangeaient : c'est celle de la cuisine de Châteaupauvre où il n'y a ni bas ni haut bout. Quant à ma qualité de précepteur, a l'époque où Guy nous quitta, il ne savait pas lire. En second lieu, la forme même de la présentation, coupée en deux et devenant cérémonieuse dans la partie qui s'adressait à moi, établissait une ligne de démarcation qui n'était certes pas en ma faveur.

Les orgueilleux, pour se rabaisser, n'ont besoin que d'eux-mêmes. Guy avait le rouge au front quand il s'assit en face de moi sous sa tente. Il souffrait dans sa vanité et m'en voulait pour cela. Le mensonge qu'il venait de faire lui pesait d'autant plus qu'il avait au fond de son cœur une bonne et véritable fierté.

Les premières paroles qu'il m'adressa désormais furent en anglais, parce qu'il voulait savoir si j'avais pu constater le flagrant délit de son mensonge. Je sentais si bien cela, que j'eus d'abord l'idée de lui répondre tout simplement : « Je ne comprends pas, » mais c'eût été mentir, moi aussi ; je ne le voulus point ; comme il me demandait des nouvelles de Mêto d'un ton froid et avec un regard mauvais, je lui répondis :

— Elle est triste et bien vieille. Elle garde la maison de M. Edmond Durand, qui est bon pour elle. Dans la ruelle de son lit, à droite et à gauche de son bénitier, il y a votre portrait photographié et celui de Rosane...

Je m'arrêtai sur ce nom, il ne broncha pas. Une colère d'enfant me monta au cerveau et je poursuivis :

— Mêto ne peut pas vous oublier. Elle regrette toujours le temps où j'étais votre précepteur, monsieur le vicomte...

— Capitaine William Byran de Byran, prononça-t-il d'un ton sec. Les titres de France sont de pauvres plaisanteries. J'ai gagné mon vrai titre et j'ai repris mon vrai nom, monsieur.

Il s'était redressé, moi aussi ; nous étions comme deux coqs de combat. Pourquoi ? J'ai du sang bas-breton quelque part dans le corps, et puis, il y avait entre nous un terrible sous-entendu. Mon irritation diminuait évidemment le malaise de mon ami Châtiau qui devenait rapidement mon ennemi. Si j'avais été un diplomate, je l'aurais caressé pour le mettre aux cents coups. Au lieu de cela, je continuai sur le même ton que lui :

— Rosane n'a plus besoin de rien...

— C'est vrai, dit-il, elle veut mourir.

— Mourir à la vie du monde qui est la vraie mort, m'écriai-je : naître à la seule vie qui est l'amour du Christ, notre Seigneur : vous saviez cela et vous croyiez cela quand j'étais votre *dominie*, monsieur de Byran.

Tu me trouves peut-être agressif hors de propos et souverainement maladroit. Je ne suis pas tout à fait de ton avis. Là-bas, les aumôniers de régiment avaient autre chose à faire que des assauts de rouerie avec des petits dragons vaniteux. Je voulais arriver à la lutte ouverte tout d'un coup pour savoir au moins ce que j'avais à craindre et prendre mes précautions en conséquence. Rosane était née en France de parents français. Elle n'avait point perdu, comme Guy lui-même, par la naturalisation, sa qualité de Française. Je savais qu'en cas d'extrême besoin la protection de la France ne lui manquerait pas.

J'en étais là déjà. Tu vois que j'avais fait du chemin depuis mon entrée. Rien qu'à regarder la figure de mon capitaine-lieutenant, je devinais un danger grave et pressant. Il n'avait pas encore dit un mot qui eût trait à sa passion, mais je la voyais au travers de lui, et j'en mesurais la violence. Je poursuivis en faisant effort pour montrer du calme :

— Vous m'avez interrompu, mon cher Guy, je reprends et j'achève ma pensée. Rosane, disais-je, n'a plus besoin de rien, puisque le vœu de votre aïeule va être accompli.

— Absurde ! murmura-t-il, impie !

— Accompli, continuai-je, de la propre volonté de Rosane : volonté persistante et qui s'est affirmée hautement. J'en puis parler, puisque je me suis fait fort vis-à-vis d'elle, non pas une fois, mais dix fois, d'obtenir la rescision de ce vœu qui n'était ni absurde ni impie, mais entaché d'imprudence et qui, ne venant pas d'elle-même à l'origine, ne pouvait engager sa volonté devant Dieu.

— Vous, prononça rudement mon capitaine, je vous crois honnête homme.

— Je vous remercie... Ce n'est donc pas pour Rosane que Méto travaille, voilà où j'en voulais venir, capitaine.

— Est-ce pour moi?

— Vous l'avez dit, c'est pour vous.

— Et à quoi travaille-t-elle? à son rouet?

— Non, à la terre.

Il eut un rire méprisant.

— Ah! ah! fit-il, je comprends! Le trésor du Dormi-qui-va!... Pauvre vieille Méto! quelle bonne âme! Aussitôt la guerre finie, elle viendra avec moi dans le pays de Galles : c'est réglé... Mais croit-elle donc que j'aie besoin de son aide?

— Oui, elle le croit.

— Pourquoi faire?

— Pour vous racheter, capitaine. Votre vieille Méto vous regarde comme étant prisonnier chez les Anglais.

Je crus qu'il allait perdre ce qui lui restait de sang-froid. Tout ce qui paraissait de lui rougit jusqu'à son front sous la racine de ses cheveux.

— Monsieur l'abbé, me dit-il en contenant sa voix qui voulait éclater, je suis Anglais!

Je m'inclinai; peut-être que je ne retins pas assez le sourire qui venait à mes lèvres. Cela lui donna un avantage.

— Anglais par mon choix libre, ajouta-t-il avec une dignité vraie, Anglais par ma volonté. Avant d'être Français, mes pères étaient Anglais. Je n'ai fait que rentrer dans ma patrie. Vous aviez la bonté de m'aimer, au temps de mon enfance, et vous êtes Français; il ne m'étonne pas que ma détermination vous chagrine; cependant je ne vous permettrais pas de me blâmer, vous n'en avez pas le droit. En redevenant Anglais, j'ai cessé d'être catholique, par choix encore, ou plutôt par raison. Je hais l'Église romaine.

— Elle vous a fait du mal? demandai-je.

Sa lèvre frémit et il répondit à voix basse :

— Elle a brisé ma vie!

Tu vois que je n'étais pas si maladroit. Je le confessais par la colère. Aussi, loin de paraître touché par cette réponse qui, Dieu le sait, me remuait le cœur bien profondément, je répondis avec un parti pris de dureté :

— Toutes les désertions ont un motif d'intérêt personnel.

Chose singulière, il ne se fâcha point, le fier, l'ombrageux enfant! Et je sondai à cet instant d'un coup d'œil la grandeur de cette tendresse que je croyais partagée. Oh! oui, j'avais le cœur bien troublé, je me disais :

— Seigneur, vos voies semblent parfois rigoureuses. Si le bonheur peut exister sur cette terre, il était là : un légitime, un cher bonheur, car la révolte de cette âme qui s'égare loin de vous, c'est le cri du cœur blessé... Mais il faut que la pauvre enfant soit protégée, elle le sera!

Guy ne parlait pas. J'avais une larme qui chatouillait le bord de ma paupière, mais j'avais aussi au dedans de moi un frisson qui était de la peur.

Ce fut un bien autre effroi qui me prit quand je regardai Guy et que je vis son visage inondé. Il cacha tout à coup son front entre ses mains. Je voyais l'effort de ses sanglots qui secouait terriblement sa poitrine.

— Est-ce que je savais! Est-ce que je me connaissais moi-même! balbutia-t-il, montrant à nu toute sa détresse. Elle était ma sœur chérie, je gardais tout au fond de moi son sourire d'enfant comme l'image bien-aimée de ma première joie. Au travers d'elle, je revoyais le pays où j'ai tant pleuré... Ah! cher pays! et ces pauvres gens de ma famille qui se mouraient autour de moi, courbés sous une condamnation mystérieuse. Mon père, ma mère, mes deux aïeules...

car ils sont tous morts, et je n'ai plus rien de vivant dans le cœur! Non, je ne savais pas! Je jure que je ne savais pas! Je me souvenais d'elle comme de cette heure émue que vous m'avez rappelée : ma première communion, et je voyais la couronne de ses cheveux blonds à travers les mousselines blanches, dans la fumée de l'encens, à la lueur des cierges, sous la pluie des feuilles de roses... C'était notre enfance, tout cela, et notre ignorance... Pourquoi n'est-ce plus ainsi? Parce que je l'ai revue... Pourquoi l'ai-je revue? Est-ce que je la cherchais! L'ai-je allumé moi-même, ce feu qui me brûle comme le vif d'une blessure? Il est entré en moi avec un déchirement plein de remords... O Dieu! elle est à vous, elle ne peut être à moi! Et vous ne voulez pas que je vous déteste dans mon cœur brisé! que je vous haïsse de tout mon désespoir, Dieu! Dieu qui m'avez pris plus que ma vie!

Je l'avais dans mes bras, tremblant comme la feuille, et tout vibrant d'un spasme qui secouait chaque fibre de son être.

C'était un de mes enfants que cet enfant-là, écoute! sur sa pauvre joue mes larmes tombaient avec les siennes.

Il se laissa glisser à terre prosterné, et il embrassa mes genoux. Il disait... Ah! il ne savait plus ce qu'il disait!

— Dieu en a d'autres par milliers! moi, je n'ai qu'elle! Mon père! mon père! ô mon père! vous m'avez vu tout petit et vous souvenez-vous comme je courais par les chemins pour vous embrasser, criant après vous : « Evot! Evot! » car je ne savais pas encore prononcer tout votre nom! Je vais mourir Anglais, mon père! Et mourir protestant, car il faut bien que je me venge!

— Malheureux! disais-je, oh! malheureux!

Et j'essayais d'étouffer son blasphème sous mes deux mains qu'il baisait en répétant le refrain de sa fièvre folle :

— Mourir Anglais! mourir protestant! moi qui suis Français! moi qui suis catholique dans mon âme! Est-ce que cela ne vous fait rien, mon père? à vous, un Français, un prêtre? à vous qui avez été soldat? Écoutez, rendez-la-moi! je vous en prie, je vous en supplie! Vous qui avez la garde des âmes, sauvez deux âmes, car elle sera perdue comme moi!

— Que dites-vous, Guy! m'écriai-je.

— Je dis la vérité, répliqua-t-il dans un élan de passion qui m'épouvantait, mais qui remuait mon cœur; il n'est rien que je n'ose; elle est à moi dans mon malheur comme dans mon bon-

heur, elle est mon bien, elle est ma destinée...
On peut rejeter la fortune, sacrifier une carrière, tuer en soi l'orgueil même, martyriser son corps, donner son sang!... O Dieu! demandez-vous tout cela? Tout cela est à vous! Mais elle! elle! Le regard de ses grands yeux, le miracle de son sourire... Écoutez! Elle était loin de moi, je ne la pleurais plus. Dieu, c'est Dieu qui l'a ramenée dans mon chemin! C'était me la donner : je la veux!

Il s'était relevé, et je ne sais comment, à mon tour, je me trouvai agenouillé devant lui. A quoi bon raisonner? j'implorais, balbutiant :

— Mon cher fils! Guy, mon enfant bien-aimé...
— Je la veux! répéta-t-il durement.
Et il ajouta en me tournant le dos :
— Je l'aurai!
— Jamais! m'écriai-je!

Il revint sur moi, les bras croisés sur sa poitrine, le regard sec, mais rouge. Je me remis debout, car c'était un combat. Moi aussi, j'étais un soldat, et je croyais avoir mes armes. Nous étions en face l'un de l'autre, droits tous deux, mais je le regardais d'en bas. Il avait grandi dans sa révolte. Toute sa tête était au-dessus de moi.

— Je l'aurai sans vous, me dit-il d'une voix

basse et brève qui tranchait sa phrase mot par mot : je l'aurai malgré vous !

— Silence ! voulus-je ordonner.

Il eut un sourire douloureux. Il dit :

— De quel droit m'imposez-vous silence? Vous n'êtes ni dans votre maison, ni dans votre pays, ni dans votre église. Vous êtes chez moi que vous avez fait votre ennemi, chez moi que vous avez chassé de France, chez moi que vous avez jeté hors de la foi des apôtres et de la communion des saints. Votre châtiment sera de m'entendre jusqu'au bout : c'est vous qui m'aurez perdu, car je suis perdu ; c'est vous qui l'aurez damnée, car elle est damnée !

Je reculai comme s'il m'eût frappé au visage.

— Capitaine de Byran, m'écriai-je, voici une infâme parole...

— A votre tour, silence ! me dit-il, rétabli désormais dans sa glaciale froideur qui dominait mon trouble : vous ne me comprenez pas. Voyez les choses comme elles sont. Je ne lui ai pas parlé depuis ce jour triste où nous nous séparâmes pour aller, moi à Eton, elle à Londres, dans la maison d'une noble femme dont la droite raison n'a pu encore guérir sa folie, tant est cruel et obstiné l'effet de la superstition. En ce temps là, je ne m'occupais point de son vœu. Que m'importait son vœu? Je lui écrivis une fois, deux fois, et Dieu m'est témoin que c'étaient les lettres d'un frère. Jamais elle ne me répondit. J'ai vécu toute ma jeunesse sans avoir à son égard d'autre affection que celle d'un frère pour sa sœur. Hier seulement... ne m'interrompez pas! je n'ai point menti en vous disant que jamais, elle et moi, nous n'avions échangé une parole. Mais je l'ai vue, mais elle m'a vu, et de ces deux regards qui se choquaient l'éclair a jailli! Et voyez! il a allumé un incendie! Nous nous aimons, monsieur : elle comme un bon ange qu'elle est, moi comme un homme d'honneur. Je suis Anglais, la loi anglaise me protège; je suis protestant, le premier venu parmi nos pasteurs bénira notre union selon sa conscience et son droit...

Je l'interrompis ici pour m'écrier :

— Vous comptez donc user de violence envers elle?

— Non, monsieur.

— Vous y engageriez-vous?

— Sur l'honneur, oui.

— Jamais Rosane ne consentira...

— Vous vous trompez, monsieur. Souvenez-vous; je suis son maître.

Ma poitrine se serra. Je me souvenais, en effet.

Guy continuait, et sa voix qu'il essayait de contenir vibrait de nouveau, plus sonore. La flamme qui couvait dans sa prunelle, par moments, étincelait. Il répéta :

— Je suis son maître ! Autrefois, je l'appelais, elle venait, et vous savez bien que nul obstacle n'était capable de la retenir. Ce qui n'était qu'un jeu d'enfant alors va être aujourd'hui l'accomplissement d'une double fatalité...

— Guy ! capitaine... Monsieur ! vous ne ferez pas cela !

— Je le ferai.

— Mais, pour venir à vous, il faut qu'elle dorme... elle ne dormira pas !

— Elle dort !

Son sabre était posé sur son lit. Que Dieu me pardonne... j'ai été soldat. Je cachai mon visage entre mes mains qui frémissaient.

Tu me comprends bien, n'est-ce pas ? Tu connais l'histoire de ce mystérieux héritage transmis de génération en génération dans la descendance du premier Roderick de Byran. Et tu sais que la pauvre belle Rosane était une Dormi-qui-va.

Je me relevai dans un dernier effort et je dis :

— Au nom de Dieu ! je vous défends de l'appeler !

Sa physionomie avait changé; ses yeux ternes regardaient fixement le vide.

— C'est fait, me répondit-il, je l'ai appelée : elle est en route.

L'indignation montait à mon cerveau comme une folie. Je soulevai la portière de la tente et je donnai mon front brûlant à l'air froid du dehors. Une minute de réflexion me calma. En somme, qu'y avait-il à craindre? Un camp, ce pouvait être le désordre, autrefois, et la licence, presque la barbarie; mais aujourd'hui, surtout quand deux nationalités rivales s'avoisinent et s'observent mutuellement, un camp est la civilisation dans sa règle la plus sévère.

J'étais au camp anglais. Il me suffisait d'y rester. L'Angleterre protége parfois ses nationaux jusqu'à l'absurde, mais l'Angleterre ne permet certes pas aux officiers de son armée d'enlever ou de contraindre des jeunes filles ayant la protection d'un drapeau allié. Il n'y avait qu'un danger, c'était le fait de la fuite *volontaire* de Rosane. En restant au camp, je parais à ce danger, puisque rien ne devait m'être plus facile que de prouver l'état de somnambulisme où la pauvre enfant serait plongée, et, au besoin, de l'éveiller devant tous les témoins que j'aurais appelés.

Ce raisonnement était si frappant que j'en arrivai à me demander si le malheureux Guy ne serait pas trop puni par cet éclat donné à sa faute, et qui allait être comme un déshonneur public. Je rentrai sous la tente pour lui faire comprendre l'obligation où j'étais désormais de rester chez lui, même malgré lui, à moins qu'on ne m'en expulsât par la force; et cette autre nécessité où il me plaçait de porter témoignage contre lui, lors de l'arrivée de Rosane.

Mais Guy n'était plus là.

Il avait profité du moment où j'avais le dos tourné pour s'esquiver par l'autre ouverture.

Alors la vérité me sauta à l'esprit en éblouissement. Sous forme de menace, Guy venait de m'exposer un plan concerté à l'avance. Ce n'était pas sous sa tente, ce n'était pas au camp qu'il avait imposé à Rosane ce rendez-vous en dehors des lois de la nature. Comment avais-je pu croire cela un seul instant? La discipline anglaise a des sévérités excessives.

Et la réflexion gagnant de proche en proche, je me demandai si je n'avais pas été la dupe d'une effrontée comédie. C'était peut-être un messager en chair et en os que Guy avait envoyé d'avance à Rosane. Peut-être était-il lui-même en route pour Balaclava. Peut-être qu'à l'heure même où j'hésitais, un enlèvement avait lieu....

Je me précipitai dehors et je pris ma course. Je ne mis certes pas cinq minutes à franchir la distance qui me séparait de Balaclava. Je me souviens que je dépassai le tilbury du général anglais P..., qui allait le grand trot allongé des pur-sang.

En arrivant à l'ambulance, je demandai Rosane, il me fut répondu :

— Après votre départ, elle s'est sentie malade et a reposé un instant dans le fauteuil de garde. Elle semblait assoupie... puis elle a disparu. On la cherche depuis plus d'une heure, et pourtant personne ne l'a vue sortir.

XI

—Je ne peux pas dire que le départ de Rosane m'étonna, reprit Vincent, mais il me frappa comme un très-grand malheur qui me fût arrivé à moi-même. Personne, assurément, ne me dit que Rosane *dormait* quand elle avait quitté l'ambulance; et j'ajoute que personne ne soupçonnait la possibilité d'un fait si bizarre; mais moi, j'étais absolument convaincu qu'elle s'était mise en route au milieu de son sommeil.

A tout hasard, j'allai faire ma déclaration au quartier. Rosane « la petite hospitalière qui voulait être sœur de charité » était déjà connue de tous. On ordonna le possible en fait de recherches, et chacun approuva le projet que j'avais de retourner au camp de nos alliés. Comme je sortais de l'état-major, je fis rencontre d'un vieux camarade à moi que j'avais connu en Afrique. Il portait maintenant l'épaulette. Je lui racontai l'aventure, car il était de bon conseil. Il me dit :

— J'ai entr'aperçu la petite à l'hôpital ; elle est rudement comme il faut ! Les chérubins et séraphins doivent ressembler à ça, s'il y en a ; je n'en ai jamais rencontré. Le général P··· dîne à Balaclava aujourd'hui : me charges-tu de lui en toucher deux mots ?

— Tu me rendras un grand service, car je cours à son camp pour tâcher de retrouver Guy....

— Cherche !... Enfin, tu as raison tout de même. Parle haut et ferme, là-bas, et garde ton chapeau sur ta tête.... C'est sûr que le petit joue un jeu à se faire fusiller tout net.... Et tu dis que c'est un ancien pénitent à toi ? Pas de chance.... Tu sais, reviens le plus tôt que tu pourras.

— Pourquoi cela ?

— Parce qu'il y a du tabac dans le temps.

— Ah ! fis-je en le quittant, je m'embarrasse bien du temps !

Je lui avais donné ma main pour prendre congé ; il la retint.

— Je sais que tu n'épargnes jamais ta peine, me dit-il. Si on ne prenait que des anciens d'Afrique pour porter soutane, ça serait un joli régiment que celui des curés. Mais crois-moi, regarde où tu mettras le pied, après la nuit venue : ce n'est pas de la pluie qu'il va tomber.

— Est-ce qu'on attend quelque chose? demandai-je.

— Je ne sais pas, moi; c'est peut-être mon nez qui sent. Écoute !

Je prêtai l'oreille. Il se faisait sur toute la ligne d'attaque un silence inaccoutumé. C'est à peine si un gros coup de canon ronflait paresseusement, de temps à autre, dans le lointain.

C'était ce silence que mon vieil Africain me disait d'écouter.

Je le quittai sans trop comprendre, et je suivis à rebours la piste que j'avais courue une demi-heure auparavant. Le brun de nuit tombait; il faisait un ciel superbe du côté de la terre; mais, au-dessus de la mer, un long nuage, plat comme la rive d'un lac, montait de l'horizon vers le sud. A mesure que l'obscurité croissait, le silence augmentait. Ma préoccupation était trop profonde pour me permettre de songer aux présages de bataille contenus dans les paroles que je venais d'entendre; et pourtant, deux ou trois fois, pendant la route, cette phrase de l'argot soldatesque

me revint à l'esprit : « Il y a du tabac dans le
« temps. »

Les vieux marins sentent la tempête ; les vieux
soldats ont un singulier flair pour prévoir les
« averses de mirabelles. » Quant à moi, j'avais
perdu l'habitude : à force de faire le catéchisme,
je n'étais plus du tout soldat.

Je trouvai le camp anglais en gaieté. Les Gallois de S. A. R. rendaient une dînaille aux deux
fameux régiments écossais qui furent décimés
si glorieusement cette nuit-là même car je ne
vois pas pourquoi je te cacherais que le « tabac » annoncé par mon vieil ami était la bataille nocturne qui portera le nom de Balaclava
dans l'histoire. Nous commencions la nuit du 25
octobre 1854. Aucun désordre n'avait été produit par la petite fête ; tous les postes étaient
régulièrement tenus, et les fusiliers écossais
trinquaient paisiblement la dernière santé
avant de regagner leurs quartiers. Ils avaient
leurs officiers avec eux, tout jeunes pour la
plupart : superbes enfants de ces montagnes
héroïques qui versèrent autrefois tant de bon
sang pour les Stuarts.

Tu sais aussi bien que moi qu'il y a relativement très-peu d'Anglais dans l'armée anglaise.
C'est un fait qui a son côté curieux. Les gens des

comtés du Centre, les vrais Anglais, Saxons ou Normands, ne manquent pas du tout de bravoure, mais ils n'aiment pas à se gêner, et rien n'est plus gênant que de faire la guerre. Je ne sais pas, en vérité, comment ils ont jamais pu englober ces races vaillantes et dures à la fatigue : les Écossais, les Gallois, les Irlandais ; ce qui est certain, c'est que depuis un siècle et demi les Gallois, les Écossais, et même les Irlandais, si longtemps, si terriblement opprimés, ont pris le pli de porter le mousquet à la place des Anglais qui se reposent. Cela ne nous regarde pas.

Nos voisins n'avaient pas de sœurs de charité; mais les journaux ont célébré à satiété leurs deux héroïnes, Miss Anna W... et lady M. de B···, qui était la protectrice de Rosane en personne. Miss Anna W··· était campée à Balaclava même, et rendait de très-grands services à l'ambulance. Lady M. de B··· était là surtout pour convertir à l'Église « établie » ou anglicane les catholiques du schisme grec qui forment la population de la Crimée. Excellent cœur, grande fortune, appartenant par sa famille à la plus haute vie de Londres, milady jouissait d'une grande popularité, non-seulement dans l'armée anglaise, mais aussi parmi nos soldats, sous son nom de *Mme Biblorum.* Les turcos principalement lui prenaient des bibles tant qu'elle voulait, pour une chope de rhum qu'elle donnait en prime. Le rhum était pur, si les bibles étaient travaillées.

Elle habitait depuis quelques jours une maison de campagne demi-ruinée qu'elle avait fait restaurer tant bien que mal, et qui était située entre la ville et le camp, à peu de distance de nos sentinelles à nous. On appelait ce lieu « le cottage ». Je n'ai pas entendu dire que cette excellente femme ait converti un grand nombre de nos hommes, mais je puis affirmer qu'ils avaient pour son grog une religieuse estime.

Elle seule aurait pu me dire où trouver le capitaine-lieutenant Guy de Byran au moment où je le cherchais en vain sous sa tente. Personne au camp ne sut me renseigner. Je dois avouer, du reste, que j'eus quelque peine à rencontrer un officier supérieur avec qui m'aboucher. Celui à qui je pus parler enfin était le lieutenant-colonel du régiment de Guy. Il se montra à la fois indigné et incrédule. C'était un vieil homme à cheveux blancs. Il réprima sévèrement l'hilarité provoquée par ma dénonciation parmi les jeunes officiers qui l'entouraient, mais il me dit : « C'est une histoire bien singulière, monsieur, et ce serait une honteuse histoire, si elle était vraie. Je n'y crois pas. » Un autre ajouta : « S'il fallait cautionner l'honneur du capitaine W. de Byran, vous trouveriez cinquante mille livres sterling sans sortir d'ici ! »

Ce fut tout ce que j'obtins, avec promesse que le général P*** serait informé dès son retour. Je sentais bien moi-même tout ce qu'il y avait d'invraisemblable dans le fait avancé par moi. Je suis fort éloigné d'accuser ici personne. C'est déjà bien assez que mon récit constate l'absence de tant de chefs, une heure avant l'attaque qui faillit anéantir l'armée anglaise.

Et remarque ceci : la sécurité du camp était profonde au moment où je le traversai de nouveau..... pour aller ou ? En vérité, je ne savais. Aucun symptôme d'inquiétude ne se montrait à moi, et pourtant, cette vague impression de tempête prochaine, cet avant-goût de « tabac » dénoncé par mon vieil Africain, je les retrouvais ici différemment exprimés.

Des rumeurs allaient et venaient. Dans un groupe, on disait que la gauche des positions françaises était attaquée ; dans un autre, on affirmait qu'une tentative de surprise était projetée contre les Piémontais. — Et il arrivait des éclaireurs qui disaient que depuis les lignes assiégeantes jusqu'à la tour Malakoff il n'y avait pas un chat russe, cette nuit, mais qu'il fallait veiller, justement à cause de cette apparente solitude.

Moi, je demandais toujours, partout où je passais : « Savez-vous où je pourrais trouver le capitaine-lieutenant de Byran? » Les uns me répondaient qu'il était à Balaclava; les autres me certifiaient qu'il visitait les grand-gardes par ordre du général en chef.

Il y en eut un enfin, un dragon, qui prononça le nom de lady M. de B***, et qui me dit, peut-être au hasard : « Il est au cottage. »

Ce fut comme un trait de lumière pour moi. Guy m'avait dit : « Le premier venu de nos pasteurs bénira notre union.... » C'était sans doute une vanterie qui calomniait le clergé anglais, mais il y a tant de clergés divers chez nos voisins! et de si drôles de clergés! Il faut entendre les membres de l'Église établie parler des trois cent soixante-cinq espèces de dissidents qui les combattent! Personne n'est plus dur qu'un protestant pour un autre protestant, mais milady était un large esprit, admettant les quatre cents communions et d'autres. S'il y avait un lieu où se dût rencontrer le pasteur de la quatre cent et unième dissidence capable de *bénir* le sacrilége d'une pareille union, c'était au cottage de milady, cet arsenal de Bibles « arrangées ».

Tu ne comprends pas encore pourquoi je prononce ici le mot sacrilége, mais tu le comprendras plus tard.

Maintenant donc je savais où aller. Je pris ma course. Il devait être temps encore de se jeter, non pas seulement comme prêtre, mais comme homme, en travers d'un si grand malheur.

Les Irlandais qui travaillaient au chemin de fer destiné à relier Balaclava aux ouvrages du siège rentraient par bandes. Il y avait trois lieues, environ, des avant-postes anglais à Sébastopol. Comme j'arrivais à la sortie du camp du côté de Balaclava, c'est-à-dire dans la direction opposée, Sébastopol étant au nord de nous et Balaclava au plein sud, je vis les soldats s'égrener tout à coup hors des tentes et des baraques. Le vent s'était levé et soufflait en ouragan ; les nuages, montant de la mer, avaient gagné tout le ciel. J'étais si bien le prisonnier de mon douloureux souci, que je crus d'abord à un simple orage.

— Où est-ce ? où est-ce ? demandait tout le monde à la fois.

Et le vent apporta l'appel des clairons de France, en même temps que le tambour des Écossais battait à l'autre bout du camp. Le canon, dont le bourdonnement lointain m'entourait à mon insu depuis plusieurs minutes, me fit tout d'un coup reconnaître sa voix. Il y eut des lueurs vers l'est. J'entendis crier :

— Le camp est attaqué! Prenez vos armes!

A l'ouest, une grande salve d'artillerie éclata, et ceux qui passaient dirent :

— Les Français sont en fuite!

Vers Balaclava, autre salve comme un long et retentissant écho.

— La flotte russe bloque le port!

Et partout, mais partout, sans excepter un seul point de la rose des vents, la fusillade crépita, loin et près, comme si des centaines de bataillons eussent été déjà aux prises. Çà et là, les Anglais, ordinairement si froids et si calmes, se mirent à courir, affolés.

La dernière chose que je vis, ce fut le tilbury du général P... qui arrivait en tourbillon. Le vieux soldat était monté à cru sur le cheval qui traînait la voiture, réduite en morceaux. Derrière lui, ventre à terre, ses habits rouges galopaient.

— A vos postes, gentlemen! Longue vie à la reine!

Guy n'était pas là, parmi ceux qui arrivaient. Ah! j'avais bien regardé! Je m'élançai dehors. Sais-tu ce que je pensais? Il y a des choses terribles qui se font au milieu de la colère de Dieu.

Je voyais l'impiété de ce mariage s'accomplir, là-bas, dans cette maison que le carnage un instant oubliait, parmi les hurlements de la mêlée, dans la fumée de la poudre, sous le foudroyant fracas des canons.

Je le voyais et j'allais, le cœur serré, brisé, broyé! J'avais fait déjà plus de la moitié de la route, quand une soudaine clarté m'apparut entre les arbres.

C'était le cottage de lady M. de B*** qui flambait. Je le reconnus, à genoux que j'étais, car une énorme vague de sable soulevée par la chute d'un obus venait de me terrasser.

La bataille m'enveloppait à l'improviste.

Les balles me sifflaient aux oreilles. Où aller? Que faire? « Seigneur, m'écriai-je, ayez pitié de ces enfants-là! du pécheur comme de la sainte! Il était bon autrefois! il était doux, il était généreux! O Dieu! c'est moi qui mis l'hostie entre ses lèvres! Prenez la sainte dans sa blancheur, s'il vous faut une victime, elle est à vous, et laissez à celui qui a péché le temps de se repentir! »

Je dis cela, et tu vois bien que mes larmes m'étouffent. Ah! je dis cela, oui, je dis cela!...

Sous moi la terre trembla. A cinquante pas derrière mon dos, un peloton russe avait fait feu; à cinquante pas devant moi, la nuit étincela, et un flot de balles passa en sifflant par-dessus ma tête qui pendait. Elles venaient de France. Nos soldats avançaient au pas de course, et les Russes n'étaient déjà plus là pour les attendre. La nuit parlait de toutes parts.

— En avant! en avant! Ils ont assassiné les Anglais dans leurs lits!

C'était dit en français. Nos pauvres chasseurs de Vincennes arrivaient au pas gymnastique.

A droite et à gauche de moi le noir courant se précipitait. Nos hommes allaient comme le vent. Ils disaient de leurs loyales voix que l'effort de la course essoufflait : « Les Russes ont fait trois fausses attaques pour masquer leur grand mouvement; ils ont surpris le camp de nos alliés, ils les égorgent.... »

Et ils passaient. Je crois que toute l'armée française passa.

Ils étaient deux à la fin de tout, et l'un soutenait l'autre : un infirmier de notre ambulance et un canonnier de mon régiment. Je connaissais l'infirmier; le canonnier, oh! je le connaissais bien aussi, mais ma mémoire bouleversée ne me fournissait pas encore son nom.

Il y avait une éclaircie au ciel et la lune brillait, par intervalles, reculant à travers les nuages. Au moment où les deux hommes me dépassaient, le canonnier, qui avait peine à se soutenir, dit à son compagnon d'une voix mourante :

— Plus vite ! plus vite ! Je vous donnerai encore dix louis par-dessus le marché convenu !

— Cela fait cent trente de promis, répliqua l'infirmier.

Cent trente louis ! Un soldat ! Mais la voix, où l'avais-je entendue ?

La lune passait sur une place bleue. Je vis soudain comme en plein jour le canonnier tout pâle et tout sanglant. Je criai :

— Guy ! Enfant ! Est-ce que je rêve ! C'est vous !

Il s'arrêta et lâcha son appui. Tout chancelant, il étendit ses deux bras vers moi, disant d'une voix étranglée :

— Je me repens ! Donnez-moi l'absolution, je veux aller où elle est !

Et comme je restais sans voix, il ajouta :

— Vous devinez ! ce que vous redoutiez, je l'ai tenté : Dieu s'est vengé, elle est morte !

J'avais demandé cela ; entre eux deux j'avais choisi, et ma terrible prière était exaucée ! Dieu avait pris la sainte en épargnant le criminel....

La tête de Vincent Prévot était dans sa main, et entre ses doigts je voyais ruisseler des larmes. Je n'avais garde de parler, mais je pensais.

Je pensais que jamais je n'avais conçu si vivement ni si profondément la notion de la providence de Dieu. Qui d'entre nous n'a murmuré en présence de ces apparentes iniquités du hasard qui nous montrent le juste puni, le méchant épargné ou même récompensé?....

Il n'y a point de hasard. Celui qui a péché est puni, et ce qu'on appelle le châtiment du juste est sa gloire.

Rien de ce que fait Dieu n'est fait selon la sagesse de la terre. Et la mesure de la justice terrestre, récompenses et peines, est courte en face des miséricordes de Dieu. Je touchais cela au doigt en ce moment.

Vincent reprit, après quelques minutes de silence :

— Je donnai l'absolution à Guy de Byran, qui s'était confessé, le front dans la poussière. C'était pour acheter le droit de lui donner l'absolution que j'avais crié vers le ciel cette prière redoutable que j'écouterai dans le silence de mon cœur jusqu'au dernier jour de ma vie.

Guy de Byran poursuivit sa route. Il allait payer sa dette, en mourant, aux Anglais, ses frères d'adoption ; mais il avait promis à celle dont le martyre lui ouvrait la porte du ciel de mourir Français et de mourir catholique.

Je n'ai pas besoin de te dire comment se termina l'attaque des Russes qui, d'abord victorieuse, fut changée en complète déroute par l'arrivée des troupes alliées. J'ai dans ma malle des numéros des journaux de Londres qui déclarent que, SANS LA VIGILANCE DES ANGLAIS, C'EN ÉTAIT FAIT, CETTE NUIT-LÀ, DE L'ARMÉE FRANÇAISE ! » On se demande quelquefois pourquoi cette grande nation qui rit si rarement et de si mauvaise grâce s'intitule elle-même envers et contre tous la *joyeuse* Angleterre. Ne cherchons pas d'autre motif : c'est à cause des variantes gaies qu'elle apporte à l'histoire !

Dans ce qui me reste à te raconter en quelques mots rétrospectifs, c'est-à-dire l'entrevue somnambulique de Guy et de Rosane et les derniers instants de cette chère créature, je ne vais plus parler comme témoin oculaire. Ce fut le capitaine de Byran lui-même qui me raconta la scène unique de ce drame, car il ne mourut pas au camp anglais, et j'eus la consolation de le préparer à sa dernière communion comme je l'avais instruit pour la première. Lequel de lui ou de Rosane j'aime le mieux dans la mémoire de mon cœur, ne me le demande pas, je n'en sais rien.

J'avais deviné juste ou plutôt les paroles que Guy avait laissé échapper dans le transport de sa passion, lors de notre entrevue sous sa tente, ses vanteries, ses menaces, étaient la révélation même de son dessein. Il y avait un complot où étaient entrés Milady et un pasteur presbytérien qui suivait les régiments écossais. Point d'enlèvement, nulle violence ; pas même de lettre écrite ni de message verbal. Je m'étais trompé en pensant que Guy emploierait d'autres moyens que celui dont il m'avait menacé.

Il *appela* comme autrefois, et comme autrefois, Rosane vint.

Tu la vis une fois, la nuit de ton arrivée, dans l'aire de Châteaupauvre : il l'avait appelée, elle était venue. C'étaient alors deux enfants, innocents, l'un autant que l'autre. Aujourd'hui, celui des deux qui pouvait commander à l'autre avait une mauvaise pensée.

Et cette pensée ne lui appartenait pas en propre. On la lui avait suggérée. Milady ne voulait pas qu'il y eût une *nonne* dans la maison de Byran.

Un cœur d'or, figure-toi, cette Milady, charitable jusqu'à l'héroïsme, une femme, une vraie femme, altérée de miséricorde, qui a semé sa vie d'efforts merveilleux et de traits touchants : générosité toujours prête, pureté de mœurs qui ne s'est jamais démentie ; beaucoup de savoir, beaucoup d'intelligence et même d'éloquence, — mais sectaire, avec cela, sectaire dans l'âme, sectaire enragée, haineuse comme les sectaires, dès qu'il s'agissait de secte, possédée du diable de subtilité, empoisonnée de mensonges, sophistiquée comme la version voleuse de ses Bibles, et capable de tout, tu entends bien, de tout! car, au fond, c'est un roman que cette créature : elle apporte, dans ce qu'elle croit être le bien, les témérités, les insanités, les excès, les rouerles que d'autres emploient pour satisfaire les passions humaines. Agitez devant elle sa marotte, montrez-lui un trou d'aiguille par où passer pour faire pièce à sa bête noire qui est l'Église catholique, et la voilà partie, avec un bandeau de faux zèle sur les yeux qui l'empêchera de distinguer le bien du mal !

Elle va tout perdre, jusqu'au sens commun qui, Dieu merci ! permet au plus pauvre d'esprit de marcher droit dans le chemin du juste et de l'honnête ! Elle va marier une jeune fille, sa pupille, presque sa fille, volontairement vouée au célibat religieux et qu'elle regarde elle-même déjà comme une religieuse... Mais qu'importe cela, puisque les vœux de cette religieuse, à supposer même qu'ils fussent prononcés, ne sont rien pour elle? elle ne les admet pas, ils lui semblent impies ! Elle, la révoltée, sous prétexte de liberté, de tolérance, que sais-je? elle s'arroge le droit de juger souverainement la conscience d'autrui! elle liera, elle déliera, chose qu'elle reproche si furieusement à l'Église! Elle se fera infaillible, elle qui repousse en frémissant l'infaillibilité du lieutenant de Jésus-Christ! C'est tout simple! il n'y a rien là qui dépasse les bornes de l'aberration ambiante. Ah! je ne t'aurais pas mis au défi de deviner le mariage de la religieuse! Le siècle où nous sommes, par la fiction comme par la réalité, complète tous les jours notre éducation en fait de sacrilège.... Mais réponds franc : aurais-tu deviné ceci : ELLE VA MARIER LA RELIGIEUSE ENDORMIE!

Je ne sais pas sur quelle réponse Vincent comptait, mais nul ne se dépouille des habitudes de sa profession. Ce qui me frappa surtout, je l'avoue, ce fut l'absurdité profonde d'un pareil acte dont le côté extravagant voilait presque pour moi le côté sacrilège. Je dus exprimer cette pensée, car Vincent répliqua :

— Il n'y a pas de doute, c'est misérablement absurde et frappé d'avance de nullité selon toutes les législations du monde. Mais es-tu sûr de bien voir la « situation » pour parler ton propre langage? Que peut l'intervention tardive de la loi contre une irréparable ruine?....

Je me tus. J'avais le frisson. Vincent reprit après un silence :

— L'idée n'appartenait qu'à Milady. Le pasteur presbytérien n'était complice à aucun degré. Guy avait dépeint à Milady l'état où se trouvait Rosane pendant ses accès de somnambulisme : elle marchait, elle parlait et Guy savait trop bien qu'en ces moments les actions de la pauvre fille et ses paroles n'étaient que le reflet de sa pensée à lui. Rien ne devait dévoiler au pasteur l'incroyable excentricité de cette union.

Guy lui-même avait hésité, mais Milady avait dit : « Brisons d'abord et n'importe comment, avant qu'elle soit scellée, une chaîne odieuse qui insulte à la bonté de Dieu et à la dignité de l'homme; plus tard, le mariage sera régularisé.... » Je t'épargne le surplus de ces refrains, radotés quotidiennement par tous les « organes » de philosophie, d'hérésie et de barbarie.

Et pour ne jamais plus parler de cette malheureuse femme, j'ajoute que Milady est maintenant cloîtrée dans un couvent de Paris. Elle a choisi celui dont la règle est de beaucoup la plus sévère. Il n'y a pas de bornes à la miséricorde de Dieu.

Le soleil allait se coucher quand Guy et Rosane endormie se rencontrèrent dans un bouquet d'arbres, situé à gauche de la route qui mène de Balaclava à Sébastopol, à environ cinq cents pas du cottage. C'était à peu près l'heure où j'arrivais moi-même à notre ambulance, après les menaces de Guy, et où je découvrais l'absence de Rosane.

Elle était partie dormant; dormant elle arriva. Elle vint tout droit à celui qui l'avait appelée et lui donna, comme aux jours de leur enfance, son front à baiser. Guy se sentit, dès le premier moment, troublé en présence de cette pureté. Des larmes lui vinrent dans le cœur. Il avait été convenu entre lui et Milady qu'il amènerait Rosane au cottage tout de suite. Au lieu de cela, Guy la fit asseoir au pied d'un arbre et s'agenouilla près d'elle.

Elle était contente; elle le disait avec de douces paroles. Un peu de temps se passa. Guy pensa tout à coup que le ministre presbytérien et Milady l'attendaient.

Mais, maintenant, l'idée de cette honteuse comédie où il avait accepté le principal rôle, mettait en lui de la répugnance. Il attendit encore. La nuit tomba, et dans le silence les premiers bruits de bataille s'élevèrent. Ces bruits étaient bien lointains encore et ne venaient pas du camp anglais. Cependant Guy était soldat, il songea à son devoir. « Viens, chérie », dit-il

Elle se leva aussitôt, obéissante, et répondit : « Où tu voudras que j'aille, j'irai. » Elle était enfant si admirablement que Guy fut subjugué par une irrésistible force de pudeur. « Je ne veux pas profiter de ton sommeil, dit-il ; éveille-toi. » Et aussitôt elle s'éveilla.

Un peu d'étonnement parut sur ses traits, mais pas beaucoup. « Ah ! fit-elle sans nulle frayeur, je ne suis donc pas encore guérie, puisque me voilà près de toi ? Ramène-moi où je dois être. »

Guy n'avait plus honte, parce qu'elle ne dormait plus. C'est lui qui me l'a dit. Il répéta : « Viens ! viens ! » et comme elle résistait, il la saisit et la souleva.

La nuit s'animait autour d'eux, pleine de mouvements invisibles. Des pas d'hommes et de chevaux allaient. Le canon gronda. Rosane frissonnait. Guy murmura contre son oreille : « Ne crains rien, tu vas être ma femme. »

Elle se rejeta en arrière avec une surprise qui était de l'horreur. « Oh ! fit-elle, Guy, mon frère bien-aimé ! toi ! Est-ce-toi !.... Et pourrais-je être obligée à te haïr ! »

Cherchant sa justification au hasard, il dit : « Je suis protestant, je suis Anglais, ce qui nous sépare n'est rien pour moi !... » Elle répéta, comme si elle eût eu peine à comprendre : « Guy est Anglais! Guy est protestant! Guy veut me prendre jusque dans les bras de Dieu pour que je sois Anglaise et protestante!... »

Tout à coup, la fusillade éclata derrière les arbres. Guy se mit à courir vers le cottage. Elle ne résistait pas. Sur ses traits et dans son regard il y avait une douleur morne. Elle murmurait d'une voix brisée : « Voilà que Guy est mon ennemi mortel! Guy, mon cher Guy m'aime comme on déteste!... » Puis se mettant à prier : « Pardonnez-moi, mon Dieu! mon Dieu, souvenez-vous de ma prière de chaque jour! »

Tu ne l'as pas oubliée, sa prière? Chaque jour, elle offrait sa vie pour la double conversion de Guy : sa conversion à la vraie foi, sa conversion à la chère patrie!

Des coups de feu partaient encore dans la nuit, mais à chaque instant ils semblaient venir de plus loin. Comme Guy arrivait au pied du monticule où le cottage était situé, Rosane, achevant sans doute une oraison, prononça ces mots dans un élan de douloureuse ferveur : « *Mon Dieu, faites cela pour que je vive!...* »

Et un dernier coup de feu ayant éclaté, Guy sentit qu'elle tressaillait avec violence contre lui. La lune éclaira en ce moment tout à coup grandement. Le visage de Rosane, mis en pleine lumière, n'exprimait plus la souffrance. Autour de ses lèvres jouait et resplendissait son beau sourire d'autrefois. « Nous voici arrivés, » dit Guy. Elle répondit, dans sa joie inexplicable, mais si douce qu'il en avait le cœur tout pénétré : « Oui, oh! oui, je ne crains plus rien, et c'est bien vrai que je suis arrivée! »

Il crut sa cause gagnée, d'autant qu'elle reprit en écartant de sa chère petite main les cheveux baignés qui tombaient sur le front de son ami : « Tu redeviendras Français, promets-le-moi...

Cela ressemblait à un marché, n'est-ce pas ? Guy le prit ainsi, et répondit : « Demande-moi davantage, il n'est rien que je ne te donne !...

— Tu redeviendras catholique?

— Oui, je te le jure, fit-il avec transport ! je veux ta patrie, je veux ton Dieu....

Il sentit que les bras de Rosane se desserraient pendant qu'elle murmurait : « Comme je suis heureuse! merci! As-tu entendu que j'ai dit à Celui qui peut tout : Faites cela pour que je vive ! Adieu, Guy chéri, j'ai été exaucée, la vie est venue. La Vie éternelle m'a frappée, et je m'en vais pure comme la tendresse que j'ai pour toi... »

Il ne comprenait pas encore, mais il vit la tête de l'enfant s'incliner, puis glisser lentement le long de son épaule, puis se renverser, si lourde qu'il fléchit les jarrets pour la laisser tomber de moins haut. Ainsi il se trouva agenouillé devant celle qui était morte sur la terre et qui vivait déjà dans le ciel.

Une balle russe était venue, choisissant son chemin dans les ténèbres, vers le cœur de la jeune sainte, et lui avait rendu le sourire des enfants joyeux.

Et les conditions du marché furent tenues, Guy tomba en combattant pour les Anglais, comme c'était son devoir, mais il tomba Français, sous l'uniforme de nos soldats, et il exhala son dernier soupir dans mon sein. Cette même nuit, vers l'aube, en répétant l'acte de foi que je lui avais appris à Châteaupauvre, quand il ne savait pas encore lire : « Mon Dieu, je crois fermement ce que la sainte Église catholique, apostolique et romaine, m'ordonne de croire, parce que c'est vous, ô Vérité ! qui le lui avez révélé. »

Vers le soir de cette journée que nous avions passée tout entière ensemble, et au moment où Vincent Prévôt allait me quitter pour prendre le train de Bretagne, je m'avisai de lui demander :

— Ah çà ! et Môto?

— Ai-je oublié de te dire cela? répondit-il : elle est venue là-bas.

— Où ça, là-bas?

— Eh bien ! en Crimée.

— En Crimée! Môto ! m'écriai-je, croyant qu'il plaisantait, car la gaieté de son caractère prenait aisément le dessus dans les plus grandes émotions. Comment a-t-elle fait le voyage? dans le bateau de son neveu Plenoê?

— Sur le paquebot, comme tout le monde.

— Elle a donc de l'argent?

— De l'or: tous louis de vingt-quatre livres à l'effigie de Louis XV.

— Alors elle a trouvé le bahut du Dormi-qui-va dans sa perrière?

— Je le crois.

— Et qu'allait-elle faire en Crimée?

— Voir le *berlinguin* (cimetière), où sont les deux chéris, leur faire des tombes et fonder des messes pour eux.

— A-t-elle fait de belles tombes?

— Très-belles, et qui ont coûté cher.

— A-t-elle fondé beaucoup de messes?

— Beaucoup. Il y a une chapelle catholique à Simféropol. Elle payait sans compter, mais elle mangeait des croûtes de pain dur en buvant de l'eau, et cheminait là-bas comme chez nous, avec ses sabots pendus au cou.

— Elle est revenue en Bretagne ?

— Depuis deux mois, oui.

— Et tu n'as pas eu l'idée de lui demander...

— Où est le trésor ? si fait. Elle m'a répondu textuellement ceci : « Pour valoir, vous valez ; h'êtes un bon monsié-prêtre bravement, tout à fait, je ne mens point ; mais vous n'aurez rien en tout de moi qu'une pièce de trois livres qu'est due pour dire ma messe de *libera*, chantée.

— Mais les pauvres, Méto ? Pensez aux pauvres !

— N'y a point plus pauvre que moi.

— C'est péché, quand il y a tant de malheureux manquant du nécessaire, c'est gros péché de perdre une pareille somme d'argent !

— L'argiein n'est point perdue. Elle est où faut qu'elle est, avec ses maîtres : en terre. Très livres pour vous de *requiem*, très livres à mon Yaume, pour la chairette neuve et les grands bœufs, ça fait la pièce ronde de six francs ; c'est juste ma boursée, à moi, qu'est à moi. Quant à la grande argiein, brin, brin j'n'y ai droit. Elle est aux maîtres !

Et comme Mêlo Lecouïn, depuis déjà nombre d'années, a fait le voyage de Châteaupauvre au cimetière de Saint-Juhel, avec les grands bœufs traînant la charrette neuve de son Yaume, il est vraisemblable que personne ne rouvrira jamais plus le bahut de fer où est la grande argieïn du Dormi-qui-va.

FIN

Rennes, imp. Fr. Simon, S' de A. Le Roy, imp. breveté.

www.ingramcontent.com/pod-product-compliance
Lightning Source LLC
Chambersburg PA
CBHW060414170426
43199CB00013B/2137